Målet af Tro

I kraft af den nåde, jeg har fået,
siger jeg til hver eneste af jer:
Hav ikke højere tanker om jer selv, end I bør have,
men brug jeres forstand med omtanke,
enhver efter det mål af tro, som Gud har givet ham.
(Romerbrevet 12:3)

Målet af Tro

Dr. Jaerock Lee

Målet af Tro af Dr. Jaerock Lee
Udgivet af Urim Books (Repræsentant: Kyungtae Noh)
73, Yeouidaebang-ro 22-gil, Dongjak-gu, Seoul, Korea
www.urimbooks.com

Alle rettigheder er reserveret. Denne bog eller dele heraf må ikke reproduceres, lagres eller transmitteres på nogen måde, hverken elektronisk, mekanisk, som kopi eller båndoptagelse uden skriftlig tilladelse fra udgiveren.

Medmindre andet bemærkes er alle citater fra Bibelen, Det Danske Bibleselskab, 1997.

Copyright © 2016 ved Dr. Jaerock Lee
ISBN: 979-11-263-0138-6 03230
Oversætteses Copyright © 2009 ved Dr. Esther K. Chung. Brugt med tilladelse.

Tidligere udgivet på koreansk af Urim Books i 2002

Første udgivelse: august, 2016

Redigeret af Dr. Geumsun Vin
Design: Redaktionsbureauet ved Urim Books
Tryk: Yewon Printing Company
For yderligere information: urimbook@hotmail.com

Forord

Med ønsket om, at hver af jer må opnå tro i åndens fulde mål og nyde den evige og himmelske herlighed i Ny Jerusalem, hvor Guds trone står!

Målet af Tro er sammen med den nyligt udgivede *Budskabet fra Korset* fundamentale og væsentlige vejledninger til et godt kristent liv. Jeg takker og ærer Gud Fader, som velsignede dette værdifulde værk til at blive udgivet, og som åbenbarer det spirituelle rige for utallige mennesker.

I dag er der mange mennesker, som påstår, at de tror, men som ikke er sikre på frelse. De kender ikke troens mål og ved ikke, hvor stor tro, der bør have, for at opnå frelse. Folk siger til hinanden: "Denne mand har stor tro", eller "Denne mands tro er lille." Men det er ikke let at vide, hvor meget af troen, Gud rent faktisk godtager, og hvordan man kan bedømme troens mål og vækst. Gud ønsker ikke, at vi skal have kødelig tro, men derimod spirituel tro, som er ledsaget af handlinger. Kødelig tro er, at folk hører og lærer Guds ord, og derefter husker på det som ren viden. Vi kan ikke have spirituel tro af egen vilje; den gives kun af Gud.

Det er derfor, der står følgende tilskyndelse i Romerbrevet 12:3: *"I kraft af den nåde, jeg har fået, siger jeg til hver eneste af jer: Hav ikke højere tanker om jer selv, end I bør have, men brug jeres forstand med omtanke, enhver efter det mål af tro, som Gud har givet ham."* Denne passage fortæller os, at hvert individ har sin egen spirituelle tro givet af Gud, og hans svar og velsignelser vil variere afhængigt af målet af tro.

I Første Johannesbrev 2:12 og følgende vers skildres et menneskets vækst i troen som troen hos henholdsvis småbørn, børn, unge og fædre. I Første Korintherbrev 15:41 står der: *"Solen og månen og stjernerne har hver sin glans, og stjerne adskiller sig fra stjerne i glans."* Denne passage minder os om, at hvert individs himmelske bolig og herlighed vil afhænge af målet at vedkommendes tro. Det er vigtigt at blive frelst og at komme i himlen, men det er endnu vigtigere at vide, hvilken bolig og hvilken slags krone og belønning vi vil modtage.

Kærlighedens Gud ønsker, at hans børn skal vokse sig fuldkomne i troen, og glæder sig til, at de kommer til Ny Jerusalem, hvor hans trone står, og længes efter at være sammen med dem til evig tid.

I overensstemmelse med Guds hjerte og ordets belæring belyser Målet af Tro fem forskellige niveauer af tro og af det himmelske rige, og hjælper læseren med at bedømme niveauet af egen tro. Målet af tro og de himmelske boliger kan inddeles i mere end fem niveauer, men de er her inddelt på denne måde af hensyn til læserens forståelse. Jeg håber, at du vil gå mere ivrigt frem mod himlen ved at sammenligne målet af din tro med troens forfædre i Bibelen.

For mange år siden bad jeg for, at de vanskelige bibelvers skulle blive åbenbaret for mig. En dag begyndte Gud så at forklare mig, at det himmelske rige er opdelt, og at de himmelske boliger fordeles mellem hans børn afhængigt af målet af deres tro.

Derefter bad jeg omkring himmelske boliger og målet af tro, og redigerede materialet til at udgive dette værk. Jeg takker direktør Geumsun Vin og de mange trofaste medarbejdere i dette forlag. Jeg takker også oversættelsesbureauet.

Må alle læsere af *Målet af Tro* opnå fuldendt tro, den fuldkomne ånds tro, og nyde den evige herlighed i Ny Jerusalem, hvor Guds trone står. Dette beder jeg om i var Herre Jesu Kristi navn.

Jaerock Lee

Introduktion

I håbet om at dette værk vil være en uvurderlig vejledning i måling af hvert individs tro, og føre utallige mennesker til det mål af tro, som behager Gud...

Målet af Tro undersøger de fem niveauer af tro fra troen hos spirituelle småbørn, som netop har taget imod Jesus Kristus og modtager Helligånden, til troen hos fædre, som kender Gud, der var i begyndelsen. Gennem dette værk kan enhver tilnærmelsesvis bedømme målet af egen tro.

I kapitel 1, "Hvad er tro?" defineres tro, og den type tro, som behager Gud, beskrives. Desuden forklares hvilken type af svar og velsignelser, som følger den tro, som er acceptabel for Gud. Bibelen klassificere troen i to typer: "Kødelig tro" eller "Tro som viden" og "Spirituel tro." I dette kapitel får vi at vide, hvordan vi kan opnå spirituel tro og føre et velsignet liv i Kristus.

Det andet kapitel "Den spirituelle tros vækst" er i høj grad baseret på Første Johannesbrev 2:12-14, og beskriver væksten i spirituel tro ved at sammenligne den med menneskers udvikling fra småbørn, børn, unge og til fædre. Med andre ord vil en person vokse i spirituel tro efter at han har taget imod Jesus Kristus: Fra det lille barns tro til den voksnes tro.

I kapitel 3, "Målet af individuel tro" forklares dette mål ved at sammenligne med ildprøver af henholdsvis strå, hø, træ, ædelstene, sølv og guld. Gud ønsker, at vi skal opnå en tro af guld, som aldrig brændes, selv under de mest flammende prøvelser.

Kapitel 4, "Tro til at opnå frelse" belyser det laveste mål af tro – det første af de fem trosniveauer. Med denne slags tro opnår man en skamfuld frelse. Dette mål af tro kaldes også "småbørnstro" eller "høets tro." I dette kapitel bliver vi tilskyndet til hurtigt at modnes i troen gennem detaljerede eksempler.

Kapitel 5, "Tro til at forsøge at leve ved ordet", fortæller os at vi kan siges at være på det andet niveau af tro, når vi forsøger at leve ved ordet, men ikke magter at adlyde. Det er mest vanskeligt at holde fast i vores tro i Herren på dette stadie. Dette kapitel lærer os også, hvordan vi kan fremme vores tro og opnå det tredje trosniveau.

Kapitel 6, "Tro til at leve efter ordet", undersøger den korte proces, hvor troen begynder på det første niveau, modnes på andet niveau og bevæger sig ind i det tidlige stadie af tredje niveau, hvor det udvikler sig til klippefast tro, når du har opnået mere den 60% af troen på tredje niveau. Dette kapitel forklarer også detaljeret om forskellen mellem det tidlige stadie af det tredje niveau og den klippefaste tro, om hvorfor vi ikke føler os bebyrdede, når vi står fast på troens klippe, og om hvorfor det er vigtigt at kæmpe mod synden til blodet flyder.

Kapitel 7, "Tro til at elske Herren i allerhøjeste grad" forklarer adskillige forskelle mellem mennesker på tredje og fjerde trosniveau i forhold til kærlighed til Herren, og undersøger typer af velsignelser, som de mennesker, der elsker Herren i højeste grad, modtager.

Kapitel 8, "Tro til at behage Gud", forklarer om det femte niveau af tro. Dette kapitel fortæller os, at for at opnå det femte trosniveau, må vi ikke alene gøre os hellige ligesom Enok, Elias, Abraham og Moses, men også være trofaste i Guds hus ved at udføre vores gudsgivne pligt. Desuden må vi være perfekte i den grad, at vi vil opgive alt, selv vores liv for Herren. Vi må have samme tro som Kristus, den fuldstændige ånds tro. Endelig uddyber dette kapitel hvilken type velsignelser, vi kan forvente at nyde, når vi behager Gud på dette femte trosniveau.

Det følgende kapitel "Tegn, der følger dem, der tror", fortæller os at når vi opnår den perfekte tro, vil vores tro blive ledsaget af mirakuløse tegn. Baseret på Jesu løfte i Markusevangeliet 16:17-18 undersøger kapitlet nærmere disse tegn et efter et. Forfatteren lægger også vægt på, at en prædikant skal levere et kraftfuldt budskab ledsaget af mirakuløse tegn og vidne om den levende gud, hvis mirakler giver stærk tro hos utallige personer i en tid, hvor verden er fuld at synd og ondskab.

Det tiende kapitel, "Forskellige himmelske boliger og kroner" angiver afslutningsvis at der er flere forskellige boliger i det himmelske rige, og at enhver kan komme til de bedre boliger ved hjælp at troen. De forskellige dele af det himmelske rige adskiller sig betydeligt med hensyn til herlighed og belønninger. Dette kapitel slutter med en kort beskrivelse skønheden i Ny Jerusalem, hvor Guds trone står, for at hjælpe læseren med at haste mod de bedste boliger med tro og håb om himmelen.

Når vi forstår, at der er betydelige forskelle mellem de himmelske boliger og belønninger alt efter målet af vores individuelle tro, vil vores indstilling i det kristne liv utvivlsomt ændres gennemgribende.

Jeg håber, at alle læsere af *Målet af Tro* vil opnå det mål af tro, som behager Gud, og at de vil modtage det, de beder om, og ære Gud højt.

Geumsun Vin
Direktør for forlaget

Indhold

Forord

Introduktion

Kapitel 1
{ Hvad er tro? } • 1

1. Definition af den tro, som Gud godtager
2. Troens kraft kender ingen grænser
3. Kødelig tro og spirituel tro
4. At have spirituel tro

Kapitel 2
{ Den spirituelle tros vækst } • 25

1. Troen hos småbørn
2. Troen hos børn
3. Troen hos unge
4. Troen hos fædre

Kapitel 3
{ Målet af individuel tro } • 41

1. Målet af tro givet af Gud
2. Forskellige mål for tro
3. Målet af tro testet med ild

Kapitel 4
{ Tro til at opnå frelse } • 55

1. Troens første niveau
2. Har du modtaget Helligånden?
3. Troen hos forbryderen, som angrede
4. Dæmp ikke Helligånden
5. Blev Adam frelst?

Kapitel 5
{ Tro til at forsøge at leve ved ordet } • 69

1. Troens andet niveau
2. Det vanskeligste stadie af livet i troen
3. Israelitterne tro under udvandringen
4. Medmindre du tror og adlyder
5. Modne og umodne kristne

Kapitel 6
{ Tro til at leve efter ordet } • 87

1. Det tredje niveau af tro
2. Indtil troens klippe opnås
3. At kæmpe mod synderne så det koster blod

Kapitel 7
{ Tro til at elske Herren i allerhøjeste grad } • 111

1. Fjerde niveau af troen
2. Sjælen trives
3. At elske Gud ubetinget
4. At elske Gud frem for alt andet

Kapitel 8
{ Tro til at behage Gud } • 143

1. Femte niveau af tro
2. Tro til at ofre sit liv
3. Tro til at manifestere undere og tegn
4. At være betroet i hele Guds hus

Kapitel 9
{ Tegn, der følger dem, der tror } • 173

1. At uddrive dæmoner
2. At tale i nye tunger
3. At tage på slanger med hænderne
4. Den dødbringende gift vil ikke skade
5. At helbrede syge ved at lægge hænderne på dem

Kapitel 10
{ Forskellige himmelske boliger og kroner } • 193

1. Himlen opnås kun med tro
2. Himlen er blevet stormed
3. Forskellige boliger og kranse

Kapitel 1

Hvad er tro?

1
Definition af den tro, som Gud godtager
2
Troens kraft kender ingen grænser
3
Kødelig tro og spirituel tro
4
At have spirituel tro

*Tro er fast tillid til det, der håbes på,
overbevisning om det, der ikke ses.
Det er jo bevidnet om de gamle.
I tro fatter vi,
at verden blev skabt ved Guds ord,
så det, vi ser, ikke er blevet til
af noget synligt.*
(Hebræerbrevet 11:1-3)

Vi ser mange gange i Bibelen, at det, som vi ikke tør håbe på, rent faktisk er fundet sted, og at det, som er umuligt ved menneskelig styrke, er blevet udført og opnået ved Guds kraft.

Moses førte israelitterne genne Rødehavet ved at skille det i to murer af vand, og de krydsede havet som om de gik på landjord. Josva ødelagde Jeriko by ved at marchere rundt om den 13 gange. Gennem Elias' bøn gav himlen regn efter 3½ års tørke. Peter fik en person, som var født lam, til at rejse sig og gå, mens apostelen Paulus genoplivede et ungt menneske, som var faldet ned fra tredje sal og havde slået sig ihjel. Jesus gik på vandet, beroligede bølgerne og stormen, fik de blinde til at se og genoplivede en mand, som havde været begravet i en hule i fire dage.

Troens kraft er umådelig og gør alt muligt. Dette fortæller Jesus os i Markusevangeliet 9:23: *"'Hvis du kan!' Alt er muligt for den, der tror."* Man vil være i stand til at modtage hvad som helst, man beder om, hvis man har en tro, som er acceptabel for Gud.

Hvad er det da for en slags tro, Gud godtager, og hvordan kan man opnå den?

1. Definition af den tro, som Gud godtager

Mange mennesker hævder at tro på den almægtige Gud, men

får ikke svar på deres bønne, fordi de ikke har sand tro. I Hebræerbrevet 11:6 står der: *"Men uden tro er det umuligt at behage ham; For den, som kommer til Gud, må tro, at han er til og lønner dem, som søger ham."* Gud fortæller os tydeligt, at vi skal behage ham med sand tro.

Intet er umuligt, hvis man har perfekt tro. Troen er fundamentet for et godt kristent liv, og nøglen til Guds svar og velsignelser. Der er dog mange mennesker, som hverken kan opnå hans velsignelser eller frelse, fordi de ikke kender eller ikke har sand tro.

Tro består af det, der håbes på; beviset for ting, der ikke kan ses

Hvilken slags tro godtager Gud så? *Webster's New World College Dictionary* definerer "tro" som "en ubetvivlelig overbevisning, der ikke kræver bevis eller belæg" eller "en ubetvivlelig tro på Gud, religiøse dogmer osv." Tro hedder pistis på græsk, og dette betyder "at være fast/trofast." I Hebræserbrevet 11:1 defineres det på følgende måde: *"Tro er fast tillid til det, der håbes på, overbevisning om det, der ikke ses."*

"Fast tillid til det, der håbes på" henviser til, at det, vi håber på, forekommer at være en realitet, fordi vi er lige så sikre, som hvis det allerede var blevet realiseret. Hvad er for eksempel det højeste ønske hos et sygt menneske, der lider af store smerter? Det er naturligvis at blive helbredt for sin sygdom, og dette menneske bør have tro nok til at være sikker på at komme sig. Med andre ord bliver det gode helbred en realitet for ham, hvis han har perfekt tro.

Derefter henviser "overbevisning om det, der ikke kan ses" til elementer og sager, som vi med spirituel tro kan være sikre på, selv om de ikke er synlige med det blotte øje.

Troen gør os dermed i stand til at tro, at Gud har skabt alt ud af ingenting. Forfædrene i troen modtog "fast tillid til det, de håbede på" som en realitet med troen, og "overbevisning om det, de ikke kunne se" som eksisterende objekter og hændelser. På denne måde oplevede de kraften fra Gud, som skaber noget ud af intet.

På samme måde som forfædrene i troen, er de mennesker, som tror at Gud har skabt alt ud af intet, også i stand til at tro, at han skabte himlen og jorden med sit ord i begyndelsen. Det er sandt, at ingen har set skabelsen af himlen og jorden med egne øjne, for det fandt sted før mennesket blev skabt. Men troende mennesker tvivler ikke på, at Gud skabet alle ting ud af intet, for de har netop tro.

Derfor bliver i vi Hebræerbrevet 11:3 mindet om, at: *"i tro fatter vi, at verden blev skabt ved Guds ord, så det, vi ser, ikke blev til af noget synligt."* Da Gud sagde: *"Der skal være lys"*, kom der lys (Første Mosebog 1:3). Da Gud sagde: *"Jorden skal grønnes: Planter, der sætter frø, og frugttræer, der bærer frugt med kerne, skal være på jorden"*, skete alt sådan som Gud havde befalet (Første Mosebog 1:11).

Alle de ting i universet, som vi kan se med vores blotte øje, blev ikke skabt at noget synligt. Ikke desto mindre er der mange menneske der tror, at alting blev skabt af synlige ting, og de tror ikke, at Gud har skabt os ud af intet. Disse mennesker har aldrig hørt, set eller lært, at noget kan blive skabt ud at intet.

Lydige handlinger er beviset på tro

For at man kan håbe på det, der ikke er muligt, og gøre det til en realitet, må man bevise sin tro på en måde, som Gud godkender. Med andre ord må man vise lydighed overfor Guds ord med tillid til dette ord. Hebræerbrevet 11:4-7 nævner forfædrene i troen, som blev retfærdiggjorte ved deres tro, fordi de udviste tydeligt bevis på deres overbevisning: Abel blev et retfærdigt menneske ved at tilbyde et blodsoffer, som var acceptabelt for Gud; Enok blev et menneske, som behagede Gud ved at helliggøre sig; og Noa blev forfaderen til de retfærdige med at bygge frelsens ark med tro.

Lad os undersøge historien om Kain og Abel i Første Mosebog 4:1-15 for at forstå den sande tro, som Gud godtager. Kain og Abel var de sønner, som Adam og Eva fik på jorden efter at være blevet drevet ud af Edens have på grund af deres ulydighed overfor Guds befaling: *"Træet til kundskab om godt og ondt må du ikke spise af"* (Første Mosebog 2:16-17).

Adam og Eva angrede deres ulydighed, for de kom til at opleve smerten ved at slide med møje og ved fødselsveer på denne forbandede jord. De underviste derfor flittigt deres børn i, at det er vigtigt at adlyde. De har uden tvivl forklaret Kain og Abel, at man må leve ved Guds ord, og understreget, at man ikke på være ulydig overfor befalingerne.

De må desuden have fortalt deres børn, at de skulle ofre dyr og give Gud blodet for at få tilgivelse for deres synder. Kain og Abel har således vidst, at det var sådan, de burde opføre sig.

Efter lang tid bedragede Kain Gud, ligesom hans mor Eva, der havde været ulydig overfor ordet. Kain var bonde og ofrede med korn fra jorden, sådan som han fandt det passende. Men Abel var hyrde, og ofrede det førstefødte kid i hans flok, sådan som Gud havde befalet ham det gennem hans forældre. Gud godtog derfor Abels offer, men ikke Kains, for Kain var ulydig overfor befalingen. Resultatet var, at Abel blev et retfærdigt menneske (Hebræerbrevet 11:4). Historien om Kain og Abel lærer os, at Gud har tillid til os og godtager os i den udstrækning vi har tillid til hans ord og adlyder det. Historierne og Moses og Enok bevidner også dette.

Troens bevis er lydige handlinger. Vi må derfor huske, at Gud godtager os og giver os sikkerhed, når vi viser ham beviset på vores tro ved konstant at adlyde hans ord med handlinger og forsøge at adlyde under alle omstændigheder.

Tro giver svar og velsignelser

Man bør på denne måde følge den vej, som Guds ord angiver, så man kan starte med "det, man håber på" med tro og nå "indholdet af det, man håber på." Hvis man ikke følger Guds vej, men kommer på afveje ligesom Kain, fordi det er tyngende eller vanskeligt at bære, kan man ikke modtage Guds svar og velsignelser i overensstemmelse med loven i det spirituelle rige.

Hebræerbrevet 11:8-19 fortæller os i detaljer om Abraham, som demonstrerede lydighed overfor ordet gennem sine handlinger som bevis for sin tro. Han forlod sit hjemland med tro, som Gud befalede. Og selv da Gud befalede ham at ofre sin eneste og elskede søn Isak, som Gud havde givet ham i en alder af 100 år, adlød Abraham øjeblikkeligt idet han tænkte, at Gud ville være i stand til at vække hans søn fra de døde. Han blev givet mange velsignelser og svar fra Gud, idet hans tro blev bekræftet af hans lydighed.

> *"Herrens engel råbte igen til Abraham fra himlen: 'Jeg sværger ved mig selv, siger Herren: Fordi du har handlet sådan og ikke nægtet mig din eneste søn, vil jeg velsigne dig og gøre dine efterkommere så talrige som himlens stjerner og som sandet ved havets bred. Dine efterkommere skal erobre deres fjenders porte. Alle jordens folk skal velsigne sig i dit afkom, fordi du adlød mig'"* (Første Mosebog 22:15-18).

Desuden ser vi i Første Mosebog 24:1 at *"Abraham var blevet gammel, højt oppe i årene, og Herren havde velsignet ham på alle måder."* Jakobsbrevet 2:23 minder os om, at *"Dermed gik det skriftord i opfyldelse, som lyder: 'Abraham troede Gud, og det blev regnet ham til retfærdighed', og han blev kaldt Guds ven."*

Desuden blev Abraham i høj grad velsignet på enhver måde, fordi han stolede på Gud, som kontrollerer alt levende og dødt, velsignelser og forbandelser, og han overlod alt til ham. På samme måde vil du være i stand til at modtage Guds velsignelser på enhver måde og få svar på hvad som helst du beder om, når du forstår den korrekte definition af tro, og beviser din tro med fuldstændig lydige handlinger, på samme måde som Abraham gjorde så mange ting.

2. Troens kraft kender ingen grænser

Man kan have fællesskab med Gud ved troen, idet tro er den første port til det spirituelle rige i den firedimensionelle verden. Først når man går gennem den første port, vil de spirituelle ører åbnes, så man kan høre Guds ord, og de spirituelle øjne vil åbnes, så man kan se det spirituelle rige.

Son resultat vil man leve efter Guds ord, modtage det, som man beder om med tro, og leve glædesfyldt med håb om det himmelske rige. Når hjertet er fyldt med glæde og taknemmelighed, og når håbet om himlen gennemtrænger hele livet, vil man elske Gud mere end noget andet og behage ham.

Så vil verden ikke længere være dig og din tro værdig, for vi vil ikke alene blive Herrens vidne med den kraft, som Helligånden giver dig, men du vil også være trofast indtil døden ogelske Gud med hele dit liv på samme måde som apostelen Paulus.

Verden er ikke troens kraft værdig

I beskrivelsen af troens kraft illustrerer Hebræerbrevet 11:32-38 forfædrenes tro:

> *"Men hvorfor sige mere? Tiden vil jo slippe op, mens jeg fortæller om Gideon, Barak, Samson, Jefta, David og Samuel og om profeterne, alle dem, som ved tro besejrede riger, øvede retfærdighed, fik løfter opfyldt, stoppede løvers gab, slukkede voldsom ild, undgik truende sværd, blev styrket, når de var svage, blev stærke i krig og slog fjendtlige hære på flugt.*

Kvinder fik deres døde igen ved opstandelse; andre blev pint til døde og afviste at lade sig købe fri, for at de kunne opnå en bedre opstandelse. Andre igen måtte udstå spot og piskeslag, ja lænker og fængsel. De blev stenet, gennemsavet, døde for sværdet eller gik omkring i fåreskind og gedehuder og led nød og trængsler og blev mishandlet; de var for gode til denne verden og måtte flakke om i ørkener, på bjerge, i huler og i jordens kløfter."

De mennesker, hvis tro verden ikke er værdig, kan ikke alene opgive deres jordiske ære og velstand, men også deres liv. Ligesom der står i Første Johannesbrev 4:18: *"Frygt findes ikke i kærligheden, men den fuldendte kærlighed fordriver frygten, for frygt er forbundet med straf, og den, der nærer frygt, er ikke fuldendt i kærligheden."* Frygten vil forlade os i overensstemmelse med målet af vores kærlighed.

Det, som er umuligt med menneskelig styrke, bliver muligt med Guds kraft. En af profeterne, Elias, vidnede om den levende Gud ved at påkalde ild fra himlen. Elisa reddede sit land ved med Helligåndens inspiration at finde ud af, hvor den fjendtlige lejr lå. Daniel overlevede i løvekulen.

I det Nye Testamente er der mange mennesker, som opgav deres liv for Herrens budskab. Jakob, en af vor Herre Jesu tolv disciple, blev den første martyr, da han blev slået ihjel med at sværd. Peter, den væsentligste af Jesu Kristi disciple, blev korsfæstet med hovedet nedad. Apostelen Paulus var med sin store kærlighed til Herren glad og taknemmelig overfor Gud selv om han blev fængslet og var tæt på at blive slået ihjel mange gange. Han blev til sidst halshugget og blev en af Herrens store martyrer.

Desuden blev utallige kristne fortæret af løver i Colosseum i Rom, eller måtte leve i katakomberne uden at se dagslys indtil deres død på grund af alvorlig forfølgelse fra det romerske imperium. Apostelen Paulus holdt fast i sin tro under alle omstændigheder, og overvandt verden med stor tro. Han kunne således spørge: *"Hvem kan skille os fra Kristi kærlighed? Nød eller angst? Forfølgelse, sult eller nøgenhed? Fare eller sværd?"* (Romerbrevet 8:35).

Tro giver svar på ethvert problem

Der var en hændelse, hvor Jesus så troen hos en lam og denne venner, og sagde til ham: *"Søn dine synder tilgives dig"* (Markusevangeliet 2:5). Den lamme blev helbredt på stedet. Da folk hørte, at Jesus var i Kapernaum, var der mange, der samlede sig, og der var ingen plads til overs, ikke engang udenfor døren. Den lamme, som blev båret af fire venner, kunne ikke komme ind og møde Jesus på grund af folkemængden, så vennerne lavede et hul i taget oppe over Jesus, og da hullet var stort nok, sænkede de båren med den lamme ned. Jesus tog deres handling som bevis for deres tro, og tilgav den lamme hans synder.

Men nogle af de skriftkloge, som var tilstede, var skeptiske og tænkte ved sig selv: *"Hvad er det dog, han siger? Han spotter Gud. Hvem kan tilgive synder andre end én, nemlig Gud?"* (vers 7). Jesus reagerede på følgende måde:

> *"Da Jesus i sin ånd straks vidste, at de tænkte sådan ved sig selv, sagde han til dem: 'Hvorfor tænker I sådan i jeres hjerter? Hvad er lettest, et sige til den lamme: Dine synder tilgives dig, eller at sige: Rejs dig, tag din båre og gå?'"* (Markusevangeliet 2:8-9).

Så befalede Jesus den lamme: *"Jeg siger dig, rejs dig, tag din båre, og gå hjem"* (vers 11). Manden, som havde været lam, rejste sig, samlede sin båre op, og gik ud af huset, mens alle mennesker i og udenfor huset iagttog ham. De var forbløffede og priste Gud med ordene: *"Aldrig har vi set noget lignende"* (vers 12).

Denne historie fortæller os, at alle problemer i vores liv kan løses, når vi tilgives vores synder med tro. Det skyldes, at Jesus vor Frelser for to tusind år siden åbnede vejen til frelse med at løsne os fra alle slags problemer i vores liv såsom synd, død, fattigdom, sygdom og meget mere. (For en nærmere beskrivelse af dette, se venligst *Budskabet fra Korset*).

Man kan modtage hvad som helst, man beder om, hvis man bliver tilgivet de synder, man har begået ved ikke at have levet ved Guds ord. Det loves vi i Første Johannesbrev 3:21-22: *"Mine kære, hvis vores hjerte ikke forsømmer os, har vi frimodighed overfor Gud, og hvad vi end beder om, får vi af ham, fordi vi holder hans bud og gør det, som behager ham."* Mennesker, som ikke har en mur af synd overfor Gud, kan modigt bede ham og modtage det, de beder om.

Jesus understreger derfor i Matthæusevangeliet 6, at man ikke skal bekymre sig om, hvad for noget tøj, man skal tage på, hvad man skal spise eller hvor man skal bo, men i stedet først og fremmest søge Guds retfærdighed og rige:

> *"Derfor siger jeg til jer: Vær ikke bekymrede for jeres liv, hvordan I får noget at spise og drikke, eller for, hvordan I får tøj på kroppen. Er livet ikke mere end maden, og legemet mere end klæderne? Se himlens fugle; de sår ikke og høster ikke og samler ikke i lade, og jeres himmelske fader giver dem føden. Er I ikke langt mere værd end de? Hvem af jer kan lægge en dag til sit liv ved at bekymre sig? Og hvorfor bekymrer I jer for klæder? Læg mærke til, hvordan markens liljer gror; de arbejder ikke og spinder ikke. Men jeg siger jer: End ikke Salomo i al sin pragt var klædt som en af dem. Klæder Gud således markens græs, som står i dag og i morgen kastes i ovnen, hvor meget snarere så ikke jer, I lidettroende? I må altså ikke være bekymrede og spørge: Hvordan får vi noget at spise og drikke? Eller: Hvordan får vi tøj på kroppen? Alt dette søger hedningene jo efter, og jeres himmelske fader ved, at I trænger til alt dette. Men søg først Guds rige og hans retfærdighed, så skal alt det andet gives jer i tilgift"* (Matthæusevangeliet 6:25-33).

Hvis du i sandhed tro på Guds ord, vil du først søge hans rige og retfærdighed. Guds løfter er pålidelige som en certificeret check, og han giver dig alt det, du har behov for i overensstemmelse med sit løfte, så du vil ikke alene opnå frelse og det evige liv, men kan også have fremgang med hvad som helst, du gør i dette liv.

Tro kontrollerer endda naturfænomener

I Matthæusevangeliet 8:23-27 lærer vi, at troens kraft kan beskytte os fra forlige vejrforhold, og gøre os i stand til at kontrollere vejret. Alting er bestemt muligt med tro!

> *Jesus gik ombord på en båd, og hans disciple fulgte ahm. Da blev der et voldsomt uvejr på søen, så båden skjultes af bølgerne. Men han sov. Og de kom hen og vækkede ham og sagde: "Herre, frelst os! Vi går under!" Men han sagde til dem: "Hvorfor er i bange, I lidettroende?" Da rejste han sig og truede ad storm og sø, og det blev helt blikstille. Men folk undrede sig og sagde: "Hvem er han, siden både storm og sø adlyder ham?"*

Denne historie fortæller os, at vi ikke har nøde at frygte selv den voldsommeste storm eller det oprørte hav, for vi kan kontrollere sådanne naturfænomener, hvis vi bare har tro. For at opleve troens kraftfulde styrke, som kontrollerer vejr og vind, må vi opnå fuld sikkerhed i troen ligesom Jesus, og dermed vil alt blive muligt. Hebræerbrevet 10:22 minder os om følgende: *"Lad os derfor træde frem med oprigtigt hjerte, i en fast tro og bestænket på hjertet, så vi er befriet for ond samvittighed, og med legemet badet i rent vand."*

Bibelen fortæller os, at vi kan få svar på hvad som helst, vi beder om, og gøre større ting end Jesus, hvis vi har troens fulde overbevisning:

> *"Sandelig, sandelig siger jeg jer: Den, der tror på mig, han skal også gøre de gerninger, jeg gør, ja gøre større gerninger end dem, for jeg går til Faderen; og hvad I end beder om i mit navn, det vil jeg gøre, for at Faderen må blive herliggjort i Sønnen"* (Johannesevangeliet 14:12-13).

Man må derfor forstå, at troens kraft er stor, og man må opnå den slags tro, som Gud ønsker, og som behager ham. Først da vil du ikke alene få svar på dine bønner, men også gøre større gerninger end Jesus.

3. Kødelig tro og spirituel tro

Da Jesus sagde til en officer, som kom til ham med tro: *"Gå, det skal ske dig, som du troede"*, blev officerens tjener helbredt i samme øjeblik (Matthæusevangeliet 8:13). Den sande tro følges således naturligt af Guds svar. Hvorfor er der så sådan, at mange mennesker ikke er modtager svar på deres bønner, selv om de hævder at tro på Herren?

Det skyldes, at der både findes spirituel tro, hvorved du kan have et fællesskab med Gud og modtage hans svar, og kødelig tro, hvorved man ikke kan modtage svar, for denne tro har ikke noget med Gud at gøre. Lad os undersøge forskellen mellem de to slags tro.

Kødelig tro er tro som viden

"Kødelig tro" henviser til, at man tror på det, man kan se med sine øjne, og som er i overensstemmelse med viden eller almindelig sund fornuft. Denne slags tro kaldes ofte "tro som viden" eller "tro som stemmer overens med fornuft."

Hvis folk for eksempel ser og hører om, hvordan et træbord bliver fremstillet, vil de uden tvivl tro på det, når nogen siger: "Dette bord er lavet af træ." Enhver kan have denne slags tro, hvor man tror, at noget er lavet af noget andet. Folk tro almindeligvis, at de synlige ting nødvendigvis er fremstillet af noget andet.

Folk oplagrer viden i hukommelsessystemet i deres hjerner fra det øjeblik, de bliver født. De husker det, de ser, hører og lærer af deres forældre, søskende, naboer og i skolen, og de bruger denne oplagrede viden, når de har behov for den.

Blandt den oplagrede viden er der mange usandheder, som står i modsætning til Guds ord. Hans ord er den sandhed, der aldrig forandrer sig, men det meste af vores viden er usandhed, som ændrer sig med tidens skiften. Ikke desto mindre anser folk disse usandheder for at være sande, idet de ikke ved præcist, hvad sandheden er. For eksempel regner folk evolutionsteorien for at være sand, fordi det er den, de har lært i skolen. De kan derfor ikke tro på, at noget kan blive til ud af intet.

Kødelig tro er død tro uden handlinger

I starten kan folk med kødelig tro ikke acceptere, at Gud har skabt verden ud af intet, selv om de går i kirke og lytter til Guds ord, for den viden, de har oplagret siden deres fødsel, står i modstrid til ordet i kirken. De tror ikke på de mirakler, som beskrives i Bibelen. De begynder først at tro på Guds ord, når de er fulde af Helligånden og af nåde, men hvis de mister nåden, begynder de at tvivle. De begynder endda at tro, at de svar, de har fået af Gud, er rene tilfældigheder.

Folk med kødelig tro er har derfor konfliktfyldte hjerter, og selv om de med læberne hævder, at de tro, kommer dette ikke fra hjertets grund. De har ikke fællesskab med Gud, og han elsker dem heller ikke, for de lever ikke efter hans ord.

Lad os tage et eksempel: Normalt bliver det anset for acceptabelt at hævne sig på sine fjender, men i Bibelen står der, at vi må elske vores fjender og vender venstre kind til, hvis nogen slår os på den højre. Et menneske med kødelig tro er nødt til at hævne sig for at føle sig tilfreds, hvis nogen har generet ham. Da han har levet hele sit liv på denne måde, er det let for ham at hade, misunde eller være jaloux på andre. Det vil også være vanskeligt for ham at leve efter Guds ord, og han føler ikke taknemmelighed og glæde, for det stemmer ikke overens med hans tænkning.

Vi ser i Jakobsbrevet 2:26 at: *"en tro uden gerninger er lige så død som et legeme uden åndedræt."* Kødelig tro er død tro uden handling. Mennesker med kødelig tro kan hverken opnå frelse eller få Guds svar. Jesus fortæller os desangående: *"Ikke enhver, som siger: 'Herre, Herre!' til mig, skal komme ind i Himmeriget, men kun den, der gød min himmelske faders vilje"* (Matthæusevangeliet 7:21).

Gud godtager spirituel tro

Spirituel tro gives, når man tror på ting, som man ikke kan se med det blotte øje, eller som ikke stemmer overens med viden eller tænkning. Det er et tro, at Gud har skabt verden ud af ingenting.

Mennesker med spirituel tro tvivler ikke på, at Gud skabet himlen og jorden ved sit ord, og at han skabte mennesket fra jordens støv. Spirituel tro er ikke noget, man kan få, fordi man gerne vil have det; den gives kun af Gud. Mennesker som har spirituel tro tvivler ikke på de mirakler, som beskrives i Bibelen, så det er let for dem at leve ved Guds ord, og de modtager svar på hvad som helst, de beder om med tro.

Gud godtager spirituel tro, som ledsages af handlinger, og ved denne tro bliver man frelst, kommer i himlen, og modtager svar på sine bønner.

Spirituel tro er "levende tro" ledsaget af handlinger

Når man har spirituel tro, godtages man af Gud, som sikrer tilværelsen med svar og velsignelser. Lad os for eksempel antage, at to bønder arbejder på deres arbejdsgivers jord. Under de samme forhold vil en høste fire sække ris og en anden tre sække. Hvilken bonde vil arbejdsgiveren være mest tilfreds med? Naturligvis med han, som har høstet mest.

De to bønder har fået forskelligt udbytte af lignende stykker jord i overensstemmelse med deres indsats. Den bonde, som har fået fire sække, må have luget flittigt og vandet hyppigt. Omvendt må den bonde, som kun har fået tre sække ris, have været doven og have negligeret sit arbejde.

Gud dømmer hver af os i overensstemmelse med den frugt, vi bærer. Han vil kun godtagen den spirituelle tro og give velsignelser, hvis troen udvises gennem gerninger.

Den nat Jesus blev arresteret, sagde disciplen Peter til ham: *"Om så alle andre svigter, så svigter jeg dig aldrig"* (Matthæusevangeliet 26:33). Men Jesus svarede: *"Sandelig, sandelig siger jeg dig: I nat, før hanen galer, vil du fornægte mig tre gange"* (vers 34). Peter forkyndte af hele sit hjerte, men Jesus vidste, at Peter ville bedrage ham, når hans liv blev truet.

Peter havde endnu ikke modtaget Helligånden, og benægtede Jesus tre gange, da hans liv var i fare efter anholdelsen af Jesus. Dog blev Peter fuldstændig transformeret, da han modtog Helligånden. Han tro som viden ændrede sig til spirituel tro, og han blev en apostel med kraft til modigt at prædike budskabet. Han gik retfærdighedens vej indtil han blev korsfæstet med hovedet nedad.

Man kan således stole på Gud og adlyde ham i enhver situation, når man har spirituel tro. For at opnå denne tro må man stræbe efter at adlyde Guds ord og få at uforandreligt hjerte. Ved at leve den spirituelle tro, som ledsages af handlinger, kan man opnå frelse og evigt liv, ændre sig til et menneske, som følger den perfekte sandhed, og modtage vidunderlige velsignelser i kropen og ånden.

Men med død kødelig tro uden handlinger kan man hverken blive frelst eller modtage svar fra Gud, uanset hvor meget man forsøger, og hvor længe, man går i kirke.

4. At have spirituel tro

Hvordan kan man ændre den kødelige tro til spirituel tro og gøre "det man håber på" til en realitet "det, som ikke kan ses" til det synlige bevis? Hvad kan man gøre for at opnå tro?

At skille sig af med kødelige tanker og teorier

Meget af den viden, vi har opnået siden fødslen, hindrer os i at opnå spirituel tro, fordi den står i modstrid til Guds ord. For eksempel benægter evolutionsteorien, at det er Gud, som har skabt universet. Som følge af dette kan tilhængere af evolutionsteorien ikke tro, at Gud har skabt noget ud af ingenting. Hvordan kan de tro, at: *"I begyndelsen skabte Gud himlen og jorden"* (Første Mosebog 1:1)?

For at opnå spirituel tro, må man derfor først nedbryde enhver slags tænkning, der står i modstrid til Guds ord, og alle teorier såsom evolutionsteorien, der hindrer os i at tor på ordet, som det står i Bibelen. Hvis ikke man skiller sig af med alle de tænker og teorier, som står i modstrid til ordet, er det svært at tro på det, som står i Bibelen, selv om man forsøger ivrigt at tro det.

Desuden kan man ikke opnå spirituel tro uanset hvor flittigt man går i kirke og deltager i gudstjenester. Det er derfor, der er mange mennesker, som er langt fra frelsen, og som ikke modtager Guds svar på deres bønner, selv om de kommer i kirken regelmæssigt.

Apostelen Paulus havde kun kødelig tro, før han mødte Herren Jesus i en vision på vej til Damaskus. Han havde ikke anerkendt Jesus som Frelseren af menneskeheden, men i stedet forfulgt og fængslet mange kristne.

Man bør derfor skille sig af med enhver form for tænkning eller teori, som står i modstrid til Guds ord, for at transformere den kødelige tro til spirituel tro. Gennem apostelen Paulus minder Gud os om det følgende:

"Vore kampvåben er ikke verdslige, men mægtige for Gud til at bryde fæstningsværker ned. Vi nedbryder tankebygninger og alt, som trodsigt rejser sig mod kundskaben om Gud, vi gør enhver tanke til en lydig fange hos Kristus, og vi er rede til at straffe enhver ulydighed, sår lydigheden hos jer først har sejret" (Andet Korintherbrev 10:4-6).

Paulus blev først en stor prædikant af budskabet efter at han opnåede spirituel tro ved at nedbryde enhver form for tænkning, teori og argumentation, som stor i modstrid til Gud. Han ledte forkyndelsen mellem hedningene, og blev en hjørnesten i verdensmissionen. Til sidst kom Paulus med følgende tydelige udtalelse:

"Dog, hvad jeg havde af fortjeneste, det regner jeg nu på grund af Kristus for tab. Ja, jeg regner så vist alt for tab på grund af det langt større at kende Kristus Jesus, min Herre. På grund af ham har jeg tabt det alt sammen, og jeg regner det for skarn, for at jeg kan vinde Kristus og findes i ham, ikke med min egen retfærdighed, den fra loven, men med den, der fås ved troen på Kristus, retfærdigheden fra Gud

grundet på troen" (Filipperbrevet 3:7-9).

Ivrig læring af Gud ord

I Romerbrevet 10:17 står der: *"Troen kommer altså af det, der høres, og det, der høres, kommer i kraft af Kristi ord."* Man må lytte til Guds ord og lære det. Hvis man ikke kender Guds ord, kan man ikke leve ved det. Og hvis man ikke handler i overensstemmelse med Guds ord, men kun har det oplagret som viden, kan han ikke give spirituel tro, for man kan risikere at blive stolt af sin viden.

Lad os som eksempel tage en pige, som håber på at blive en kendt pianist. Uanset hvor mange lærebøger, hun læser, og hvor mange teorier, hun sætter sig ind i, så kan hun aldrig blive en dygtig pianist uden at øve sig. På samme måde kan man kun få spirituel tro, når man adlyder Guds ord. Det hjælper ikke noget at læse, lytte, og lære det, hvis det ikke følges af handling.

At adlyde Guds ord

Man bør leve ved Guds ord og overholde det under alle omstændigheder. Hvis man tror hans ord uden at tvivle, når man har lyttet til det, så vil man også adlyde det. Dermed kan man være sikker på, at Guds ord gennemføres som en realitet, og så vil man være endnu mere motiveret for at følge det.

Gennem en gentagelse af denne proces vil man modtage en tro, som gør det muligt at adlude ordet fuldt ud, og Gud vil give sin nåde og styrke. Man vil blive fyldt af Helligånden og alt vil gå godt.

Hvad er tro?

Ved flugten fra Egypten var der mindst sekshundrede tusind israelitter fra 20 år og opefter. Til sidst var der dog kun to af dem, Josva og Kaleb, der kom til det Kanaans lovede land. Med undtagelse af disse to var der ingen andre, som stolede på Guds løfte i deres hjerter og adlød ham.

I Fjerde Mosebog 14:11 siger Herren til Moses: *"Hvor længe skal dette folk håne mig? Hvor længe skal de vise mig mistillid trods alle de tegn, jeg har gjort blandt dem?"*

De havde alle kendskab til Gud, for de havde bevidnet hans magt, som havde bragt de ti plager over Egypten og delt Rødehavet i to. De oplevede Guds vejledning og tilstedeværelse ved en ildsøjle om natten og en skysøjle om dagen, og hver dag spiste de manna, som kom ned fra oven.

Ikke desto mindre adlød de ikke Gud, da han befalede dem at gå ind i Kanaans land, for de var bange for kanaanæene. I stedet beklagede de sig og satte sig op imod Moses og Aaron. Det skyldes, at de ikke havde spirituel tro til at adlyde Gud, selv om de havde kødelig tro efter at have set og hørt mange mirakuløse gerninger ved Guds kraft.

For at have spirituel tro, må man tro på Gud og adlyde hans ord konsekvent. Hvis man i sandhed elsker ham, vil man adlyde ham, og han vil til gengæld besvare vores bønner og til sidst føre os til det evige liv.

Romerbrevet 10:9-10 minder os om følgende: *"Hvis du med din mund bekender, at Jesus er Herre, og i dit hjerte tror, at Gud har oprejst ham fra de døde, skal du frelses. For med hjertet tror man til retfærdighed, og med munden bekender man til frelse."*

At "tro med hjertet" henviser her ikke til tro som viden, men til spirituel tro, hvormed man tror uden skyggen af tvivl. De, som tror Guds ord i deres hjerte, adlyder det, bliver retfærdige, og kommer gradvist til at ligne Herren. Deres bekendelse: "Jeg tror på Herren" er sand, og de bliver frelst.

Må du opnå spirituel tro ledsaget af handlinger, som adlyder Guds ord, jeg velsigner dig i Herrens navn! Så vil du behage ham, og dit liv vil blive fyldt med hans kraft, gennem hvilken alt er muligt.

Kapitel 2

Den spirituelle tros vækst

1
Troen hos småbørn
2
Troen hos børn
3
Troen hos unge
4
Troen hos fædre

Jeg skriver til jer, børn:

Jeres synder er tilgivet jer

for hans navns skyld.

Jeg skriver til jer, fædre:

I kender ham, som har været fra begyndelsen.

Jeg skriver til jer, I unge:

I har overvundet den Onde.

Jeg har skrevet til jer, børn:

I kender Faderen.

Jeg har skrevet til jer, fædre:

I kender ham, som har været fra begyndelsen.

Jeg har skrevet til jer, I unge:

I er stærke,

Guds ord bliver I jer,

og I har overvundet den Onde.

(Første Johannesbrev 2:12-14)

Man vil have rettigheder og velsignelser som Guds barn, hvis man har spirituel tro. Man vil ikke alene blive frelst og komme i himlen, men også modtage svar på hvad som helst, man beder om. Desuden er alting muligt med tro, hvis troen behager Gud ved at adlyde hans ord.

Derfor fortæller Jesus os i Markusevangeliet 16:17-18: *"Disse tegn skal følge dem, der tror: I mit navn skal de uddrive dæmoner, de skal tale med nye tunger, og de skal tage på slanger med deres hænder, og drikker de dødbringende gift, skal det ikke skade dem; de skal lægge hænderne på syge, så de bliver raske."*

Det lille sennepsfrø vokser sig til et stort træ

Jesus sagde til sine disciple, at de kun havde lidt tro, da han så, at de ikke var i stand til at uddrive dæmoner, og han tilføjede, at alt er muligt som med en tro, der er så lille som et sennepsfrø. I Matthæusevangeliet 17:20 siger han følgende: *"Fordi I har så lille en tro. Sandelig siger jeg jer: Har I tro som et sennepsfrø, kan I sige til dette bjerg: Flyt dig herfra og derhen! Og det vil flytte sig. Og intet vil være umuligt for jer."*

Et sennepsfrø er lige så lille som den streg, man laver med en kuglepen. Alligevel kan man flytte bjerge og gøre alting muligt, selv med en tro så lille!

Har du en tro så lille som et sennepsfrø? Flytter bjergene sig fra ét sted til et andet på sin befaling? Er alt muligt for dig? Lad os et øjeblik dvæle ved Jesu lignelse om sennepsfrøet, for at det skal blive muligt at forstå betydningen af passagen og dens spirituelle mening.

> *"Himmeriget ligner et sennepsfrø, som en mand tog og såede i sin mark. Det er mindre end alle andre frø, men når det vokser op, er det større end alle andre planter og bliver et helt træ, så himlens fugle kommer og bygger deres rede i dets grene"* (Matthæusevangeliet 13:31-32).

Et sennepsfrø er mindre end ethvert andet frø, men når det vokser og blive et stort træ, kommer der mange fugle og bygger rede mellem dets grene. Jesus brugte denne lignelse til at forklare os, at vi kan flytte bjerge, og at alting er muligt, hvis den smule tro, vi har, modnes. Jesu disciple burde have haft en stor tro, hvormed alt er muligt, for de havde været sammen med ham i lang tid, og oplevet Guds vidunderlige gerninger på første hånd. Men de havde kun lidt tro, og de blev derfor irettesat af Jesus.

Det fulde mål af tro

Når man har modtaget Helligånden og opnår spirituel tro, så bør troen modne til det fulde mål, som gør alting muligt. Gud ønsker, at vi gennem troens vækst skal modtage svar på hvad som helst, vi beder om.

Efeserbrevet 4:13-15 minder os om, at: *"indtil vi alle når frem til enhed i troen og i erkendelsen af Guds søn, til at være som et fuldvoksent menneske, en vækst, som kan rumme Kristi fylde. Da skal vi ikke længere være uforstandige børn og slynges og drives hid og did af hver lærdoms vind, ved menneskers terningkast, når de med snedighed fører so på lumske afveje, men sandheden tro i kærlighed skal vi i ét og alt vokse op til ham, som er hovedet, Kristus."*

Det er naturligt, at når en baby fødes, registreres hans fødsel af regeringen, og han vokser op til at blive barn, og derefter ung. På et passende tidspunkt gifter han sig, får børn og bliver far.

På samme måde bør din tro vokse hver dag til at nå trosniveauet for børn, unge og fædre, når du bliver et Guds barn gennem Jesus Kristus, og dit navn optegnes i livets bog i det himmelske rige.

Som der står i Første Korintherbrev 3:2-3: *"Jeg gav jer mælk, ikke fast føde, for den kunne I endnu ikke tåle, og det kan I heller ikke nu; for I er stadig kødelige mennesker. For når der er misundelse og splid iblandt jer, er I så ikke kødelige og lever slet og ret som mennesker?"*

Ligesom et nyfødt barn må drikke mælk for at overleve, må et spirituelt barn drikke spirituel mælk for at vokse. Hvordan kan en spirituel baby så vokse op til at blive en fader?

1. Troen hos småbørn

I Første Johannesbrev 2:12 står der: *"Jeg skriver til jer, børn: Jeres synder er tilgivet jer for hans navns skyld."* Dette vers fortæller os, at nogen, som ikke kendte Gud, vil blive tilgivet deres synder, når de tager imod Jesus Kristus, og modtager retten til at blive Guds barn gennem Helligånden, som vil tage bolig i deres hjerter (Johannesevangeliet 1:12).

Man kan ikke få tilgivelse og frelse ved andet end Jesu Kristi navn. Ikke desto mindre er der verdslige mennesker, der anser kristendommen for en slags religion, der er til gavn for sindstilstanden, og de stiller kritiske spørgsmål såsom: "Hvorfor siger du, at vi kun kan blive frelst ved Jesus Kristus?"

Ja, hvordan kan det være, at Jesus Kristus er vores eneste frelser? Mennesker kan ikke blive frelst ved noget andet navn end Jesus Kristus, og de kan kun få tilgivelse for deres synder gennem blodet fra Jesus, som døde på korset.

I Apostlenes Gerninger 4:12 står der: *"Der er ikke frelse i nogen anden, ja, der er ikke givet mennesker noget andet navn under himlen, som vi kan blive frelst ved."* og i Apostlenes Gerninger 10:43 står der: *"Om ham vidner alle profeterne, at enhver, som tror på ham, skal få syndsforladelse ved hans navn."* Det er således Guds forsyn og vilje, at mennesket skal reddes gennem Jesus Kristus.

Gennem menneskehedens historie har der været de såkaldt "store mænd" såsom Sokrates, Konfusius, Buddha med flere. Fra Guds synspunkt var disse dog alle almindelige skabninger, og de var alle syndere, for alle mennesker er født med arvesynden, som er nedarvet fra Adam, der begik ulydighedens synd.

Ikke desto mindre havde Jesus den spirituelle kraft og den nødvendige kvalifikation til at blive menneskehedens frelser. Han havde ingen arvesynd, for han var undfanget ved Helligånden. Han havde heller ikke begået nogen synder i sit liv. På den måde havde han styrken til at frelse menneskeheden, for han var skyldfri og havde den store kærlighed til at ofre selv sit liv for synderne.

Hvis man tror på, at Jesus Kristus er den eneste sande vej til frelse, og tager imod ham som Frelseren, vil man blive tilgivet sine synder, modtage Helligånden som gave fra Gud, og blive beseglet som hans barn.

Skæbnen for forbryderen, som hang ved siden af Jesus

Da Jesus blev hængt på korset for at tage menneskehedens synder, var der en af de to forbrydere, som hang på hver sin side af Jesus, der angrede sine synder og tog imod ham som Frelseren lige før sin død. Som resultat blev han beseglet som Guds barn og kom i Paradis. Gud vil kalde alle de mennesker, som bliver født igen ved at tage imod Jesus Kristus, for sine små børn.

Nogle mennesker vil måske sige: "En forbryder tog imod Jesus som sin Frelser og blev frelst lige før sin død. Jeg vil derfor nyde denne verdens goder så meget, som jeg har lydt til, og så vil jeg tage imod Jesus Kristus som min frelser lige før jeg dør. Og så vil jeg alligevel komme i himlen!" Ikke desto mindre er denne ide fuldstændig forkert.

Hvordan var forbryderen i stand til at tage imod Jesus, som blev gjort til grin af onde mennesker og måtte dø på kroset? Forbryderen havde allerede tænkt, at Jesus måske var Messias, da han havde lyttet til budskabet. Han bekendte sin tro på Jesus og tog imod ham som frelseren, mens han hang på korset ved siden af ham. Og dermed blev han frelst og opnåede retten til at komme i Paradis.

På samme måde har enhver retten til at blive Guds barn, når

han tager imod Jesus som Frelseren og modtager Helligånden. Det er derfor Gud siger: "Mit lille barn." Når et lille barn bliver født, bliver fødslen registreret og han bliver borger i det land, hvor han er født. På samme måde kan man opnå himmelsk borgerskab og blive anerkendt som Guds barn, hvis navn er skrevet i Livets Bog.

Troen hos småbørn henviser dermed til troen hos mennesker, som netop har taget imod Jesus Kristus, bliver tilgivet deres synder og bliver børn af Gud, idet deres navne bliver registreret i Livets Bog i himlen.

2. Troen hos børn

Mennesker, der bliver genfødt som Guds børn ved at tage imod Jesus Kristus og opnå spirituelt liv, modner i deres tro og opnår tro som børn. Når en baby bliver født og senere vænnet fra sin mor, kan han genkende sine forældre og skelne mellem bestemte elementer, omgivelser og personer.

Men børn ved kun lidt, og må beskyttes af deres forældre. Når de bliver spurgt, om de ved, hvem deres forældre er, vil de formodentlig sige "Ja." Men hvis de bliver spurgt om forældrenes hjemby eller familiens stamtavle, vil de formodentlig ikke vide, hvad de skal svare. Således er der mange børn, som ikke kender deres forældre i detalje, selv om de nok siger: "Jeg kender min mor og far."

Hvis forældrene køber legetøj til deres barn, kan barnet sige, om det er en legetøjsbil eller en dukke, men de ved ikke, hvordan legetøjsbilen er blevet laver, eller hvordan dukken blev købt.

Børn ved dermed en del af de ting, de kan se med deres øjne, men de forstår ikke detaljerne i de ting, de ikke kan se.

Spirituelt set har børn begyndertro i forhold til at kende Gud Faderen, de nyder nåden i troen efter at de tager imod Jesus Kristus og modtager Helligånden. I Første Johannesbrev 2:13 står der: *"Jeg har skrevet til jer, børn: I kender Faderen."* Her betyder det at "kende Faderen", at mennesker med barnetro har accepteret Jesus Kristus og har lært Guds ord ved at gå i kirke.

Ligesom en baby kun forstår meget lidt i starten, men efterhånden lærer at genkende sine forældre, så lærer nye troende også gradvist at forstå Gud Faders vilje og hjerte i takt med at de går i kirke og lytter til hans ord. De vil dog endnu ikke være i stand til at adlyde ordet, for de har ikke tilstrækkelig tro.

Troen hos børn er derfor den type tro, man finder hos mennesker, som kender sandheden, fordi de har hørt den i kirken, men som ikke altid adlyder ordet. Troen har endnu ikke nået et perfekt niveau.

Hvem kalder Gud "Fader"?

Hvis et menneske ikke har taget imod Jesus Kristus, men påstår, at han kender Gud, så lyver han. Alligevel er der mennesker, som siger: "Jeg går ikke i kirke, men jeg kender Gud." Det er mennesker, som har læst Bibelen, har gået i kirke tidligere eller har hørt om Gud på en eller anden måde. Men kender de for alvor Gud Skaberen?

Hvis de virkelig kender Gud, så burde de forstå, hvorfor Jesus er hans eneste søn, hvorfor Gud sendte ham til denne verden, og hvorfor Gud plantede kndskabens træ i Edens have. De må også kende til himlen og helvede, og vide, hvordan de kan blive frelst og komme i himlen.

Hvis folk for alvor forstår disse ting, vil de ikke nægte at gå i kirke eller at leve efter Guds ord. Men hvis de hverken går i kirke eller kalder Gud for Fader, så er det fordi, de hverken tror på Gud eller kender ham.

På samme måde er der nogle verdslige mennesker, som ikke tror på Gud, men som alligevel siger, de kender ham. Dette er ikke sandt. De kan hverken anerkende Gud eller kalde ham "Fader", for de kender ikke Jesus Kristus og lever ikke efter ordet (Johannesevangeliet 8:19).

Folk kalder Gud forskellige ting.

De troende kalder Gud forskellige ting i overensstemmelse med målet af deres tro. Ingen kalder ham "Gud Fader" før de tager imod Jesus Kristus som deres frelser. Det er naturligt, at man ikke kalder ham "Fader", hvis man endnu ikke er blevet genfødt.

Hvad kalder de nye troende Gud? De er ofte lidt sky, og kalder ham simpelt hen "Gud." De kan ikke kalde ham "Gud Fader" med sødme, men føler det akavet eller uvant, fordi de ikke har tjent ham som deres fader.

Men det navn, som de troende bruger til Gud, ændres efterhånden som deres tro vokser. De kalder ham "Fader" når de har barnetro, ligesom børn lystigt kalder deres fædre for "Fa-ar." Der er naturligvis ikke noget galt i bare at kalde ham "Gud" eller "Gud Fader." De vil begynde at kalder ham "Fader Gud" i stedet for "Gud Fader" hvis deres tro modnes. Desuden vil de kun kalde ham

"Fader", når de beder. Hvad tro du, vil syde sødere og mere intimt for Gud: En person, som kalder ham "Gud" eller en, der kalder ham "Fader." Gud vil glæde sig, hvis man kalder ham "Fader" af hele sit hjerte.

Ordsprogenes bog 8:17 fortæller os følgende: *"Jeg elsker dem, der elsker mig, og de, der søger mig, finder mig."* Jo mere, vi elsker Gud, jo mere, vil han også elske os. Og jo mere du søger ham, jo lettere bliver det at modtage svar.

Rent faktisk vil du leve i himlen til evig tid og kalder Gud "Fader" som hans barn, så det er passende at have et intimt og ordentligt forhold til Gud også i dette liv. Du må derfor udføre din pligt som Guds barn, og vise, at du elsker ham, ved fuldt ud at adlyde hans befalinger.

3. Troen hos unge

Ligesom et barn vokser op til at være en stærk og mere indsigtsfuld voksen, kan barnetroen modnes og udvikle sig til troen hos unge. Der betyder, at efter en fase med spirituel barndom i troen, kan troen udvikle sig gennem bøn og Guds ord, og nå niveauet for ungdomstro. På dette niveau er det muligt for folk at sige, hvad der er Gud Faders vilje, og hvad der er synd.

Unge er stærke og modige

Der er kun få børn, der kender de gældende love godt. De er

under deres forældres beskyttelse, og selv hvis de begår en forbrydelse, så er det forældrene, der er ansvarlige, fordi de ikke har opdraget deres børn ordentligt. Børnene ved ikke helt klart, hvad synd og retfærdighed er, og hvad forældrenes hjerte rummer, for de er stadig i gang med at lære.

Men hvad med de unge? De er stærke, temperamentsfulde, og det er sandsynligt, at de synder. De er ivrige efter at se, lære og opleve alt, og har tendens til at imitere andre. De er ofte nysgerrige på alle måder, stædige, og sikre på, at de kan alt.

Den spirituelle ungdom søger ikke jordiske ting, men håber i stedet på himlen med Helligåndens fylde og de bekæmper synder med Guds ord, for de har stærk tro. De fører triumferede liv under alle omstændigheder, overvinder verden og djævlen med urokkeligt mod, for ordet holder stand i dem.

At overvinde djævlen og regere over den

Hvordan overvinder ungdommen med stærk og modig tro så denne syndefulde verden og djævlen? De, som tager imod Jesus Kristus, opnår retten til at blive børn af Gud, og i sandheden overvinder de triumferende den onde. Djævlen er stærk, men tør alligevel ikke gøre Guds børn noget. Der står derfor i Første Johannesbrev 2:13: *"Jeg skriver til jer, I unge: I har overvundet den Onde."*

Man kan overvinde djævlen ved at holde fast i sandheden gennem Guds ord. Ligesom folk ikke kan overholde loven uden at kende den, kan man heller ikke leve ved Guds ord uden at kende det.

Man må derfor holde hans ord i sit hjerte og leve ved det, ved at skille sig af med alle slags synder. På denne måde kan mennesker med tro som unge overvinde verden med Guds ord. Det beskrives i Første Johannesbrev 2:14, hvor der står: *"Jeg har skrevet til jer, I unge: I er stærke, Guds ord bliver i jer, og I har overvundet den Onde."*

4. Troen hos fædre

Når de unge med stærk og urokkelig ånd vokser op og bliver voksne, vil de være i stand til at vurdere og forstå enhver situation, og efter mange oplevelser vil de opnå visdom til at være fornuftige nok til at være ydmyge, når det er nødvendigt. Mennesker med tro som fædre kender Guds oprindelse i detaljer, og forstår hans forsyn, for de har dyb spirituel tro.

Hvem kender Guds oprindelse

Fædre er anderledes end unge i mange henseender. Unge er umodne, fordi de mangler erfaring, selv om de har lært mange ting. Som følge deraf er der mange situationer og begivenheder, som unge mennesker ikke forstår, hvorimod fædrene fatter mange detaljer, fordi de har erfaring med flere forskellige af livets aspekter.

Fædre forstår også, hvorfor folk ønsker at få børn, hvor smertefuld fødslen er, og hvor vanskeligt det er at opdrage børn. De kender deres familie: Hvor deres forældre stammer fra, hvordan de mødtes og blev gift, og lignende.

Der er et koreansk ordsprog, der siger: "Det er første, når du selv får børn, at du for alvor kan forstå dine forældres hjerte." På samme måde er det kun mennesker med tro som fædre, der fuldt du kan forstå Gud Faders hjerte. Første Johannesbrev 2:13 skriver om sådanne modne kristne: *"Jeg skriver til jer, fædre: I kender ham, som har været fra begyndelsen."*

Desuden vil de, der har tro som fædre, blive eksempler for mange, og tage hånd om alle slags mennesker, for de er ydmyg og er i stand til at stå fast på sandheden uden at afvige fra den.

Hvis man sammenligner troen hos fædre med høstsæsonen, så kan troen hos unge ses som umoden frugt. Mennesker med tro som unge er om umodne frugter, fordi de har tendens til at insistere på deres egne tanker og teorier.

Ikke desto mindre vil spirituelle fædre i modsætning til de unge bære moden frugt og ære Gud med frugten af deres gerninger, ligesom Jesus viste et eksempel på at stå til andres tjeneste ved at vaske disciplenes fødder.

At have Jesu Kristi hjerte

Gud ønsker, at hans børn skal opnå det samme hjerte som ham, der var fra begyndelsen og som Jesus Kristus, der var ydmyg og adlød indtil døden (Filipperbrevet 2:5-8). Af den grund tillader Gud prøvelser af hans børn, og gennem disse prøvelser modnes deres tro, og de opnår udholdenhed og håb. På denne måde vokser deres tro til at nå fædrenes niveau.

I Lukasevangeliet 17 underviser Jesus sine disciple med en lignelse om en tjener. Tjeneren arbejdede i marken hele dagen, og kom hjem ved tusmørke, men der var ikke nogen, der sagde til ham: "Godt gjort! Nu skal du hvile dig og spise aftensmad." I stedet måtte tjeneren tilberede aftensmaden for sin herre og vente på, at han spiste. Først derefter kunne tjeneren selv spise. Der var desuden ingen, der sagde til ham: "Mange tak for alt dit hårde arbejde", selv om han gjorde alt, hvad hans herre befalede. Tjeneren sagde selv: "Jeg er en uværdig tjener. Jeg har kun gjort det, jeg burde gøre."

På samme måde bør man være et ydmygt og lydigt menneske, som siger: "Jeg er en uværdig tjener; jeg har kun gjort min pligt.", selv efter at man har gjort alt det, som Gud har befalet at gøre. Mennesker med tro som fædre kender dybten og højden af Guds hjerte, og vil ligesom Jesus Kristus være ydmyge, undlade at gøre for meget ud af sig selv, og adlyde indtil døden. Gud anerkender og værdsætter disse individer, og de vil skinne som sole i himlen.

Ligesom et lille sennepsfrø vokser og bliver et stort træ, hvor mange fugle byger rede, voksen den spirituelle tro fra niveauet for småbørn over niveauet for børn, unge og til sidst fædre. Man vil blive vidunderligt velsignet, når man er i stand til at kende ham, som var fra begyndelsen, og har nok tro til at forstå hans højde og dybte. Man vil desuden blive i stand til at lede efter vandrende sjæle på samme måde som Jesus.

Må du få Herrens hjerte, som flyder over med generøsitet og kærlighed, opnå fædrenes tro, bære rigelig frugt og skinne som solen i himlen til evig tid. Dette beder jeg om i vor Herres navn!

Kapitel 3

Målet af individuel tro

1
Målet af tro givet af Gud
2
Forskellige mål for tro
3
Målet af tro testet med ild

I kraft af den nåde, jeg har fået,
siger jeg til hver eneste af jer:
Hav ikke højere tanker om jer selv
end I bør have,
men brug jeres forstand med omtanke,
enhver efter det mål af tro, som Gud har givet ham.
(Romerbrevet 12:3)

Gud lader os høste, som vi sår, og belønner os i overensstemmelse med, hvad vi har gjort, for han er retfærdig. I Matthæusevangeliet 7:7-8 giver Jesus os følgende besked: *"Bed, så skal der gives jer; søg, så skal I finde: bank på, så skal der lukkes op for jer. For enhver, som beder, får; og den, som søger, finder; og den, som banker på, lukkes der op for."*

Man modtager ikke velsignelser og svar på sine bønner ved kødelig tro, men ved spirituel tro. Den kødelige tro kan opnås ved at lytte til Guds ord og lære det. Men den spirituelle tro kommer ikke så let; man kan kun få den af Gud.

Romerbrevet 12:3 tilskynder os således: *"Brug jeres forstand med omtanke, enhver efter de mål af tro, som Gud har givet ham."* Hvert individs spirituelle tro, som er givet af Gud, er forskellig. Vi ser følgende i Første Korintherbrev 15:41: *"Solen og månen og stjernerne har hver sin glans, og stjerne adskiller sig fra stjerne i glans."* De himmelske boliger og æren, som gives til hvert individ, afhænger af målet af vedkommendes tro.

1. Målet af tro givet af Gud

Et mål er en vægt, volumen, kvantitet eller størrelse på at objekt. Gud måler troen hos hvert individ, og giver personen svar i overensstemmelse med målet af vedkommendes tro.

Almindeligvis er det sådan, at mennesker med stor tro kan modtage svar, hvis de virkelig ønsker dem af hjertet, mens andre kun kan modtage svar ved at bede flittigt og faste en dag, og igen andre med liden tro kan kun modtage svar, hvis de beder i måneder eller år. Hvis enhver kunne opnå al den spirituelle tro, vedkommende havde lyst til, kunne alle modtage de velsignelser og svar, som de ønskede. Verden ville i så fald blive et meget forvirrende og kaotisk sted at leve.

Lad os forestille os, at en mand ikke lever efter Guds ord. Hvis denne mand fik besvaret sine ønsker om at komme til at lede en prominent virksomhed eller at Gud skulle straffe de mennesker, han var uvenner med, hvordan ville verden så ikke blive?

Spirituel tro og lydighed

Hvordan kan man opnå spirituel tro? Gud giver ikke spirituel tro til hvem som helst, men kun til den, som har kvalificeret sig ved at adlyde hans ord. Man kan således modtage spirituel tro i den udstrækning man skiller sig af med usande ting som had, strid, misundelse, utroskab og lignende, og begynder at elske sine fjender.

I Bibelen priste Jesus nogle personer med ordene: "Din tro er stor!", men irettesatte andre ved at sige: "Du har liden tro!"

For eksempel er der i Matthæusevangeliet 15:21-28 en kanaanæisk kvinde, som kommer til Jesus og beder ham helbrede hendes datter, som er besat af en dæmon. Hun råber: *"Forbarm dig over mig, Herre, Davids søn! Min datter plages slemt af en dæmon"* (vers 22).

Men Jesus ville afprøve hendes tro, og svarede: *"Jeg er ikke sendt til andre end til de fortabte får af Israels hus"* (vers 24). Kvinden knælede for Jesus og sagde: *"Herre, hjælp mig!"* (vers 25). Jesus afviste hende igen og sagde: *"Det er ikke rigtigt at tage børnenes brød og give det til de små hunde"* (vers 26). Dette sagde han, fordi jøderne på det tidspunkt anså ikke-jøderne for hunde, og denne kvinde var en ikke-jøde fra et område, der hed Tyrus.

De fleste mennesker ville i denne situation have følt sig skamfulde, modløse eller fornærmede, og ville have opgivet at forsøge at få svar. Men kvinden accepterede Jesu ord på ydmyg vis, og blev ikke skuffet. Hun accepterede en status som en lille og ydmyg hund, og bad uafvigeligt om hans nåde: *"Jo, Herre, for de små hunde æder da af de smuler, som falder fra deres herres bord"* (vers 27). Da var Jesus tilfreds med hendes tro, og svarede: *"Kvinde, din tro er stor. Det skal ske dig, som du vil."*, og i samme øjeblik blev hendes datter rask (vers 28).

Vi ser også Jesus irettesætte sine disciple for deres ringe tro i Matthæusevangeliet 17:14-20. En mand kom med sin søn, som led af alvorlig epilepsi, og stillede ham for Jesu disciple, men de var ikke i stand til at helbrede drengen. Derefter tog manden sin søn med hen til Jesus, og han uddrev dæmonen øjeblikkeligt, så drengen blev helbredt. Efter at Jesus havde helbredt barnet, spurgte hans disciple ham: *"Hvorfor kunne vi ikke drive den ud?"* (vers 19). Jesus svarede: *"Fordi I har så lille en tro"* (vers 20).

Desuden ser vi i Matthæusevangeliet 14:22-33, at Jesus bebrejder Peter. En nat var disciplene på en båd i oprørt hav, og Jesus kom til dem, gående på vandet. De blev skrækslagne og råbte af frygt: *"Det er et spøgelse!"* (vers 26). Jesus sagde straks til dem: *"Vær frimodige, det er mig, frygt ikke"* (vers 27).

Peter fattede mod og svarede: *"Herre, er det dig, så befal mig at komme ud til dig på vandet"* (vers 28). Jesus svarede: "Kom!", og Peter trådte ud af båden og gik over vandet hen mod Jesus. Men da han så stormen, blev han bange og begyndte at synke, så han råbte: *"Herre, frels mig!"* (vers 30). Straks rakte Jesus hånden ud, greb fat i ham og bebrejdede ham: *"Du lidettroende, hvorfor tvivlede du?"* (vers 31).

Peter blev bebrejdet sin liden tro på daværende tidspunkt, men efter at han modtog Helligånden og Guds kraft, udførte han utallige mirakler i Herrens navn, og han blev korsfæstet med hovedet nedad på grund af sin store tro på Herren.

2. Forskellige mål for tro

I Bibelen er der mange forskellige lignelser, som forklarer målet for tro. Første Johannesbrev 2 forklarer målet af tro ved at sammenligne det med menneskets vækst, og Ezekiels bog 47:3-5 forklarer målet af tro ved at sammenligne det med vanddybte:

> *"Da manden gik ud mod øst, havde han en målesnor i hånden. Han målte 1000 alen og lod mig gå gennem vandet, der nåede mig til anklerne; han målte igen 1000 alen og lod mig gå gennem vandet, der nåede mig til knæerne; han målte igen 1000 alen og lod mig gå igennem vandet, der nåede mig til*

hofterne; han målte igen 1000 alen, og nu var det en strøm, jeg ikke kunne gå igennem, for vandet var så dybt, at man måtte svømme; det var en strøm, man ikke kunne gå igennem."

Ezekiels bog er en af de fem store profetibøger i det Gamle Testamente. Gud lod profeten Ezekiel nedfælde sine profetier, da det sydlige rige i Judæa blev ødelagt af Babylon, og mange jøder blev taget med som krigsfanger. Fra Ezekiel 40 og frem beskrives det tempel, som Ezekiel så i en vision.

I Ezekiel 47 skriver profeten om en vision, hvor han så vand komme frem under templets tærskel mod øst. Vandet løb mod syd langs templet, syd for alteret. Så løb det ud gennem den nordlige port, og rundt om templet forbi yderporten mod øst.

"Vand" symboliserer her Guds ord i spirituel henseende (Johannes 4:14), og det, at det løber ud langs siderne af templet viser, at Guds ord ikke kun er i kirken, men også spreder sig til verden.

Hvad mener Ezekiel med, at en mand målte 1000 alen (47:3), mens han gik østpå med en målesnor i hånen? Dette henviser til, at Herren måler hver persons tro og dømmer dem præcis ud fra målet af deres tro på dommedag.

"Manden med målesnor i hånden" henviser til Guds tjenere, og betyder at Herren måler hver individs tro korrekt uden at foretage nogen fejl. De forskellige vanddybter er metaforer for forskellige niveauer af troens mål.

I overensstemmelse med vanddybten

Det ankeldybe vand indikerer tro som spirituelle småbørn, og det er det mål af tro, hvormed du med nød og næppe kan opnå frelse. Når denne tro sammenlignes med den højest muligt menneskelige tro, svarer det til, at den når op til ankelen. Dernæst henviser det "knædybe" vand til troen hos børn, mens det "hoftedybe" vand står for troen hos unge. Endelig henviser det "vand der er stort nok til at svømme", til fædrenes tro.

På dommedag vil ethvert individs tro blive målt, og alle vil få tildelt en himmelsk bolig af Herren i overensstemmelse med i hvor høj grad vedkommende har levet efter Guds ord i sit liv.

De "1000 alen" henviser til Guds store hjerte, hans præcision uden en eneste fejl, og dybten af hans overvejelser, som inkluderer alt. Gud målet hvert individs tro fra alle vinkler, ikke kun fra ét perspektiv. Gud undersøger alle vores gerninger og vores hjerter så præcist, at ingen vil føle, at de bliver falsk anklaget.

Gud undersøger således alt med sine flammende øjne, og får ethvert individ til at høste det, vedkommende selv har sået. Desuden belønnes alle efter det, de har gjort. Derfor står der i Romerbrevet 12:3: *"I kraft af den nåde, jeg har fået, siger jeg til hver eneste af jer: Hav ikke højere tanker om jer selv, end I bør have. Men brug jeres forstand med omtanke, enhver efter det mål af tro, som Gud har givet ham."*

Brug omtanke i overensstemmelse med målet af tro

Der er forskel på at gå i vand til anklerne og i vand til hoften, og det føles forskelligt. Når man går i ankeldybt vand, kan man gå eller løbe, men man tænker ikke på at svømme. Går man i hoftedybt vand, vil man dog ofte foretrække at svømme frem for at gå.

På samme måde vil de mennesker, der har tro som børn, ofte tænke anderledes end dem, der har tro som fædre. Det er derfor passende, at man bruger fornuften med omtanke i overensstemmelse med målet af tro.

Abraham modtog Isak som den lovede søn efter at Gud havde anerkendt hans tro. En dag befalede Gud Abraham at ofre sin eneste søn Isak som brændoffer. Hvad tænkte Abraham om Guds befaling? Han tænkte aldrig med ængstelse: "Hvorfor befaler Gud mig at ofre Isak som brændoffer til trods for, at han er min lovede søn? Bryder Gyd sit løfte?"

Hebræerbrevet 11 minder os om, at Abraham tænkte over Guds befaling med omtanke: *"Han lyver aldrig, så han vil nok genopvække min søn fra de døde."* Abraham tænkte ikke mere om sig selv, end han burde, men tænkte nærmere ud fra det mål af tro, som Gud havde givet ham.

Abraham hverken klagede eller brokkede sig, men adlød Gud med ydmygt hjerte. Som resultat af dette blev han anerkendt og velsignet endnu mere af Gud, og han blev forfaderen i troen.

Man må forstå, at det er gennem denne alvorlige og hårde prøvelse, at Abraham blev anerkendt for sin spirituelle tro og ført på vejen til velsignelser. Man kan modtage Guds kærlighed og velsignelser, når man gennemgår flammende prøvelser med omtanke i overensstemmelse med målet af tro.

3. Målet af tro testet med ild

Første Korintherbrev 3:12-15 fortæller os, at Gud afprøver hvert individs tro med ild, og måler det, der bliver tilbage:

"Hvis nogen bygger på grundvolden med guld, sølv, ædelsten, træ, hø, halm, skal det vise sig, hvad slags arbejde, enhver har udført. Dagen skal gøre det klart, for den bryder frem med ild, og ilden skal prøve, hvordan den enkeltes arbejde er. Hvis det, han har bygget, bliver stående, skal han få løn, men hvis hans arbejde går op i luer, skal han gå glip af lønnen, men selv blive frelst, dog som gennem ild."

"Grundvolden" henviser her til Jesus Kristus, og "arbejdet" er det, der er blevet gjort med en helhjertet indsats. Hvis nogen tror på Jesus Kristus vil hans arbejde blive åbenbaret, for "dagen skal gøre det klart."

Hvornår vil arbejdet vise sig?

For det første vil hvert individs arbejde først kunne ses, når vedkommendes pligter er overstået. Hvis pligterne tildeles årligt, vil det kunne ses ved enden af hvert år.

For det andet vil Gud prøve hvert individs arbejde, når det bliver vedkommendes tur. Nogle mennesker gennemgår selv svære prøvelser i fred og uden at fortrække en mine, mens andre er ude af stand til at udholde det.

Endelig vil Gud afprøve hvert individs arbejde på dommedag, som kommer lige efter Jesu Kristi genkomst. Han vil måle hver persons hellighed og trofasthed, og tildele en himmelsk bolig og belønninger i overensstemmelse med dette.

Det arbejde, som står tilbage efter ildprøven

Første Korintherbrev 3:12-13 minder os om følgende: *"Hvis nogen bygger på grundvolden med guld, sølv, ædelsten, træ, hø, halm, skal det vise sig, hvad slags arbejde, enhver har udført. Dagen skal gøre det klart, for den bryder frem med ild, og ilden skal prøve, hvordan den enkeltes arbejde er."*

Hvis Gud afprøver hver enkelts arbejde med ild, vil resultatet være tro som guld, sølv, ædelstene, træ, hø eller halm. Efter Guds prøve vil mennesker med tro som guld, sølv, ædelstene, træ eller hø blive ført til frelse, men mennesker med tro som halm vil ikke blive frelst, for de er ikke bedre end dem, som er døde i ånden. Desuden er det sådan, at mennesker, der har tro som guld, sølv eller ædelstene, kan overvinde flammende prøvelser ligesom guld, sølv og ædelstene, der ikke brændes af ild, mens mennesker med tro som træ og hø vil have vanskeligt ved at overvinde alvorlige prøvelser.

Karakteristika ved guld, sølv og ædelstene

Guld er et føjeligt og bearbejdeligt gult metal, og bruges særligt til mønter, smykker, pyntegenstande eller håndværk. Det har længe været anset for at være det mest værdifulde metal. Det har en smuk klarhed, som ikke ændrer sig med tiden, idet der ikke foregår kemiske reaktioner mellem guld og andre substanser.

Guld er blevet vurderet til at være meget værdifuldt på grund af dets uforanderlighed, og det er yderst brugbart til adskillige formål samt fleksibelt nok til at antage alle former.

Sølv bruges udbredt til mønter og pyntegenstande, og til

industrielt brug, idet det er næstbedst med hensyn til føjelighed og bearbejdelighed. Desuden er det en god varmeleder. Sølv er lettere end guld, og er mindre smukt og klart end guld.

Ædelstene såsom diamanter, safirer eller smaragder udstråler smukke farver og klarhed, men kan ikke bruges til mange formål. De mister deres værdi, hvis de går i stykker eller ridses.

Gud måler hver enkelts tro som tro af guld, sølv, ædelstene, træ, hø eller halm alt efter hvad der står tilbage efter flammende prøver, og anser troen som guld for at være den mest værdifulde af dem alle.

At opnå en tro af guld

Mennesker med en tro af guld rystes ikke, selv om de står overfor flammende prøvelser. Troen af sølv er ikke ligeså stærk som den af guld, men den er stærkere end troen af ædelstene, som er skrøbelige i ild. Mennesker med tro af træ eller hø, som brænder ved Guds ildprøver, kan knap nok opnå frelse, og de får ikke nogen belønning. Gud belønner alle i overensstemmelse med, hvad de har gjort, for han er rimelig og retfærdig. Han godtager mennesker, som har en tro, der er uforanderlig som guld, og belønner dem i himlen såvel som på denne jord.

Apostelen Paulus, som helligede sig hvervet som apostel for ikke-jøderne, prædikede budskabet med et uforanderligt hjerte og løb troens løb til det sidste, selv om han måtte gennemgå utallige prøvelser og vanskeligheder fra han først mødte Herren.

Apostlenes Gerninger 16:25 fortæller os følgende: *"Ved midnatstid sad Paulus og Silas og sang lovsange til Gud, og fangerne lyttede."* Paulus og Silas var blevet brutalt anholdt og sat i fængsel med lænker om fødderne, men de sang lovsange til Gud og bad uden at beklage sig.

Paulus fornægtede aldrig Herren indtil sin død, og han ytrede heller ikke så meget som et eneste klageord. Han var altid glad og taknemmelig, og hans hjerte var fuldt af håb om himlen, så han var trofast overfor Herrens gerning indtil døden.

Hvis man har tro af guld som apostelen Paulus, vil man også opnå en bolig på et strålende sted, der skinner som solen på himlen, og man vil modtage Guds store kærlighed fordi ens arbejde ikke kan brændes til aske.

Tro som træ eller hø

Mennesker med tro som sølv opfylder deres pligter som de bør, selv om deres tro er mindre en troen som guld. Hvordan er så troen som ædelstene?

Mennesker med tro som ædelstene siger: "Jeg vil være trofast overfor Herren! Jeg vil prædike budskabet af hele mit hjerte", når de er blevet helbredt for en sygdom eller fyldt af Helligånden. Når de modtager svar på deres bønner, siger de: "Fra nu af vil jeg kun leve for Gud." De synes at have en tro af guld overfladisk set, men kommer på afveje under flammende prøvelser, fordi de ikke har urokkelig tro. Når de fyldes med Helligånden, synes de at have stor tro, men kommer bort fra troens vej, og deres hjerter går i stykker, som om de slet ingen tro havde.

Med andre ord ser en tro som ædelstene smuk ud, men kun i et øjeblik. Det arbejde, der udføres med tro som ædelstene står dog tilbage efter flammende prøvelser, ligesom formen på juveler og andre ædelstene bevares på trods af brand.

Det arbejde, der udføres med tro som træ eller hø brændes dog helt væk under flammende prøvelser. Første Korintherbrev 3:14-15 fortæller os igen: *"Hvis det, han har bygget, bliver stående, skal han få løn, men hvis hans arbejde går op i luer, skal han gå glip af lønnen, men selv blive frelst, dog som gennem ild."*

Mennesker med tro som guld, sølv eller ædelstene vil således blive frelst og belønnet i himlen, fordi det arbejde, de har udført med deres tro, bliver stående efter Guds flammende test. Men det arbejde, der udføres med tro som træ eller hø, brændes til aske gennem prøvelserne, og disse personer bliver kun lige frelst, men vil ikke modtage nogen form for belønning i himlen.

Gud godtager vores tro med glæde og belønner os til overflod, når vi søger ham indtrængende. Hebræerbrevet 11:6 fortæller os følgende: *"Uden tro er det umuligt at behage ham; for den, som kommer til Gud, må tro, at han er til og lønner dem, som søger ham."*

Han måler hver enkelts tro gennem ildprøver. Gud giver desuden velsignelser på jorden og belønninger i himlen til enhver, der har en tro, der er uforanderlig som guld.

Man må derfor forstå, at Gud giver forskellige svar og velsignelser, ligesom der er forskellige boliger og kroner i himlen alt efter målet af hver enkelts tro.

Må du stræbe efter at opnå en tro af guld, som behager Gud, sådan at du kan modtage hans velsignelser på alle måder på denne jord og opholde dig på et strålende sted i himlen, det beder jeg om i vor Herres navn!

Kapitel 4

Tro til at opnå frelse

1
Troens første niveau
2
Har du modtaget Helligånden?
3
Troen hos forbryderen, som angrede
4
Dæmp ikke Helligånden
5
Blev Adam frelst?

Peter svarede:
"Omvend jer
og lad jer døbe i Jesu Kristi navn
til jeres synders forladelse,
så skal I få Helligånden som gave.
For løftet gælder jer og jeres børn
og alle dem i det fjerne,
som Herren vor Gud vil kalde på."
(Apostlenes Gerninger 2:38-39)

I det forgående kapitel undersøgte jeg den spirituelle tro ledsaget af handlinger, som Gud godtager. Jeg skrev om, at hvert individ har sit eget mål af spirituel tro, og at den modner i overensstemmelse med hver persons lydighed overfor Guds ord.

Målet af tro kan inddeles på fem niveauer: tro som guld, sølv, ædelstene, træ eller hø. Ligesom man kommer op ad en trappe ved at tage et trin af gangen, modnes troen fra hø til guld i takt med at man lytter til Guds ord og adlyder det.

For man kan kun opnå himlen ved tro, og for at få et fast tag i det himmelske rige må man øge sin tro trin for trin. Desuden vil man genvinde Guds tabte billede, blive favoriseret og godtaget af ham, og til sidst nå til Ny Jerusalem, hvor Guds trone står, i den udstrækning at man får en tro som guld. Når vi har en tro som guld, er Gud tilfreds med os, går med os, svarer på hjertets ønsker og velsigner os til at udføre mirakuløse tegn.

Jeg håber derfor, at du vil måle din tro og stræbe efter at opnå større perfektion i troen.

1. Troens første niveau

Før vi modtog Jesus Kristus var vi børn af djævlen, og måtte falde i helvede på grund af vores syndefyldte liv. Første Johannesbrev 3:8 skriver desangående: *"Den, der gør synden, er af Djævelen, for Djævelen har syndet fra begyndelsen. Derfor blev Guds søn åbenbaret: For at tilintetgøre Djævelens gerninger."*

Uanset hvor god og skyldfri, man ser ud, vil man opdage, at man lever i mørket, for den ondskab, som er skjult inden i os vil blive åbenbaret, når den perfekte sandheds lys fra Gud skinner på os.

Jeg troede engang, at jeg var en så god og nobel person, at jeg ikke behøvede nogen lov. Men da jeg tog imod Herren og så mig i det sande ords spejl, fandt jeg ud af, at jeg havde været fyldt med ondskab. Det jeg gjorde, sagde, hørte og tænkte gik alt sammen imod hans ord.

Gud roste Job i Jobs bog 1:8 med ordene: *"Hans lige findes ikke på hele jorden; han er en retsindig og retskaffen og gudfrygtig mand, der holder sig fra det, der er ondt."* Men den selv samme Job, som blev opfattet som retsindig og retskaffen, ytrede sig beklagende, sørgmodigt og bebrejdende, da han måtte gennemgå svære prøvelser.

Han sagde: *"Jeg klager trodsigt stadigvæk; hans hånd ligger tungt, og jeg sukker"* (Jobs bog 23:2), og *"Så sandt Gud lever, han som har tilsidesat min ret, så sandt den Almægtige lever, han, som har forbitret mit liv"* (Job 27:2).

Job begyndte at vise sin ondskab i livstruende prøvelser, selv om han var blevet rost for at være en "retsindig og retskaffen mand." Hvem kan så påstå at være retskaffen i Guds øjne, når han er lyset selv uden nogen form for mørke i sig?

I Guds øjne bliver alle rester af synd i vores hjerter såsom had og misundelse, samt syndefulde handlinger som at slå, skændes eller stjæle, anset for at være synder. I Første Johannesbrev 1:8

fortæller Gud os direkte desangående: *"Hvis vi siger, at vi ikke har synd, fører vi os selv på vildspor, og sandheden er ikke i os."*

At tage imod Jesus Kristus

Kærlighedens Guds sendte sin enbårne søn Jesus til jorden for at forløse os alle fra vores synder. For os blev Jesus korsfæstet og udgød sit dyrebare blod, som var pletfrit og syndefrit. Han blev straffet for vores synder. Men på tredjedagen genopstod han fra de døde efter at have brudt dødens magt. Fyrre dage efter genopstandelsen steg Jesus til himmels for øjnene af sine disciple med løftet om at komme tilbage og tage os med til himlen (Apostlenes Gerninger 1).

Man vil modtage Helligånden som gave og blive mærket som et barn af Gud, når man tror på frelsens vej og tager imod Jesus Kristus som sin frelser i hjertet. Så vil man også modtage retten til at blive et barn af Gud, som lovet i Johannesevangeliet 1:12: *"Men alle dem, der tog imod ham, gav han retten til at blive Guds børn, dem, der tror på hans navn."*

Retten til at blive Guds barn

Når et barn bliver født, angiver forældrene dets fødsel på rådhuset og registrere hans navn som deres søn. På samme måde registreres vores navne i Livets Bog i himlen, og vi får himmelsk borgerskab, når vi fødes igen som Guds børn.

På troens første niveau bliver man Guds barn ved at tage imod Jesus Kristus og få tilgivelse for sine synder (Første

Johannesbrev 2:12), samt ved at kalde Gud "Fader" (Galaterbrevet 4:6). Man kan også glæde sig over at modtage Helligånden, selv om man ikke kender Guds sandhedsord, og ved at se omkring sig kan man mærke Guds eksistens.

Troens første niveau bliver derfor kaldt "tro til at opnå frelse" eller "tro til at modtage Helligånden", og svarer til troen hos småbørn eller hø, som tidligere beskrevet.

2. Har du modtaget Helligånden?

I Apostlenes Gerninger 19:1-2 møder Paulus, som var apostel for ikke-jøderne og prædikede budskabet, nogle disciple i Efesos og spørger dem: *"Fik I Helligånden, da I kom til tro?"* og de svarede: *"Vi har ikke engang hørt, at der er en Helligånd."* De havde modtaget den omvendelsesdåb, som Johannes udførte, men havde ikke fået Helligåndens dåb som gave fra Gud.

Som Gud lovede i Joels Bog 2:28 og Apostlenes Gerninger 2:17 udgød han Helligånden over alle mennesker. Dette løfte blev opfyldt, og de mennesker, som modtog Guds Ånd, Helligånden, etablerede kirken. Ikke desto mindre er der mange mennesker som hævder at tro på Gud, men lever uden at kende Helligånden og hans dåb, ligesom disciplene i Efesos.

Når man modtager retten til at være Guds barn ved at tage imod Jesus Kristus, giver han Helligånden som gave for at garantere denne ret. Hvis man ikke kender Helligånden, kan man dermed ikke blive kaldt eller opfattet som Guds barn. I Andet Korintherbrev 1:21-22 står der: *"Og den, som knytter både os og jer fast til Kristus, og som salvede os, er Gud, der også beseglede os og gav os Ånden som pant i vore hjerter."*

At modtage Helligånden

Apostlenes Gerninger 2:38-39 forklarer detaljeret, hvordan vi kan modtage Helligånden: *"Omvend jer og lad jer alle døbe i Jesu Kristi navn til jeres synders forladelse, så skal I få Helligånden som gave. For løftet gælder jer og jeres børn og alle dem i det fjerne, som Herren vor Gud vil kalde på."*

Enhver tilgives sine synder og modtager Helligånden som gave, hvis vedkommende bekender sine synder, angrer ydmygt og tror at Jesus er Frelseren.

For eksempel ser man i Apostlenes Gerninger 10 en ikke-jøde ved navn Cornelius i Cæsarea. En dag besøgte apostelen Peter hans hus og prædikede budskabet om Jesus Kristus for ham og hele hans familie. Mens Peter prædikede, kom Helligånden over dem og de begyndte at tale i tunger.

Mennesker, som modtager Helligånden ved at tage imod Jesus Kristus som deres Frelser, er på første niveau af troen. Men de vil kun med nød og næppe blive frelst, for de har endnu ikke skilt sig af med deres synder ved at kæmpe imod dem, fuldført deres gudgivne pligter og ære Faderen.

Den forbryder, som blev korsfæstet ved siden af Jesus, tog imod ham som hans personlige Frelser, og hans tro befandt sig dermed på det første niveau.

3. Troen hos forbryderen, som angrede

Lukasevangeliet 23 fortæller os, at der var to forbrydere, som blev korsfæstet på hver sin side af Jesus. Men da den ene hånede Jesus, irettesatte den anden forbryder den første, og tog imod Jesus som Frelseren ved at angre sine synder. Han sagde: *"Jesus, husk mig, når du kommer i dit rige."* og Jesus svarede ham: *"Sandelig siger jeg dig: I dag skal du være med mig i Paradis"* (vers 42-43).

Det "Paradis" som Jesus lovede forbryderen, ligger i yderkanten af himlen. Det er der, mennesker med tro på første niveau vil komme hen og opholde sig til evig tid. De frelste sjæle i Paradis gives ikke nogen belønning overhovedet. Denne frelste forbryder bekendte sine synder ved at følge sin samvittighed, og blev tilgivet ved at tage imod Jesus Kristus som sin Frelser.

Men han gjorde ikke noget for Herren under sit liv på jorden. Derfor blev han lovet at komme i Paradis, hvor der ikke er nogen belønning. Hvis folk ikke vokser i troen, vil deres tro ikke engang være på størrelse med et sennepsfrø, selv efter at de har modtaget Helligånden ved at tage imod Jesus Kristus, og de vil kun lige med nød og næppe blive frelst og leve i Paradis til evig tid uden belønning.

Man må dog ikke tro, at det kun er nye troende eller begyndere i troen, som er på første niveau af troen. Selv om man har ført et kristent liv i lang tid og fungerer som ældre eller diakon, kan man få en skamfuld frelse, hvis ens gerning brænder til aske i ildprøven.

Man må derfor bede og stræbe efter at leve ved Guds ord efter at man modtager Helligånden. Hvis man ikke lever ved ordet, men i stedet fortsætter med at synde, vil ens navn blive slettet fra Livets Bog i himlen, og man vil ikke komme i det himmelske rige.

4. Dæmp ikke Helligånden

Der er mennesker, som engang har været trofaste, men som gradvist bliver lunkne i troen af forskellige grunde, og som kun lige opnår frelse.

En mand, som var en ældre i min kirke, tjente kirke trofast på mange fronter, så hans tro syntes stor set udefra. Men en dag blev han pludselig alvorlig syg. Han kunne ikke engang tale, og kom for at modtage min bøn.

I stedet for at bede om helbredelse, bad jeg for hans frelse. Han sjæl led af stor frygt på grund af kampen mellem englene, som forsøgte at få hans sjæl med til himlen og de onde ånder, som forsøgte at få ham med til helvede. Hvis han havde haft tro nok til at blive frelst, ville de onde ånder ikke havde kunne røre ham. Jeg bad øjeblikkeligt for at bortdrive de onde ånder, og bad til Gud om at han skulle modtage denne mand. Efter bønnen følte han trøst, og fældede nogle tårer. Han angrede lige før han døde, og blev med nød og næppe frelst.

Den tidligere nævnte mand blev engang blev helbredt efter at have modtaget min bøn, og hans kone blev bragt tilbage til livet fra dødens tærskel, også gennem min bøn. Ved at lytte til det levende ord blev hans familie, som ellers havde haft mange problemer, til en lykkelig familie. Siden da modnede han sin tro, og blev en trofast arbejder for Gud gennem sine bestræbelser og sin pligtopfyldenhed.

Men da kirken stod overfor prøvelser, forsøgte han ikke at forsvare den eller beskytte den. I stedet tillod han, at hans tanker blev kontrolleret at Satan. De ord, der kom ud af hans mund, byggede en stor mur af synd mellem ham og Gud. Til sidst kunne han ikke længere stå under Guds beskyttelse, og han blev ramt af alvorlig sygdom.

Som arbejder for Gud burde han hverken have set eller lyttet til noget, der gik imod sandheden og Guds vilje, men han havde valgt at lytte til disse ting og udsprede dem. Gud måtte vende sit ansigt bort fra denne mand, for han havde vendt sig mod Guds store nåde, som engang havde helbredt ham for alvorlige sygdomme. Hans belønninger smuldrede væk, og han kunne ikke finde styrke til at bede. Hans tro svækkedes, og til sidst nåede han et punkt, hvor han ikke engang kunne være sikker på frelse.

Til hans held huskede Gud hans tidligere tjenester overfor kirken, og manden opnåede en skamfuld frelse efter at Gud havde givet han nåde til at angre det, han havde gjort.

Man må derfor indse, at for Gud er den indstilling, som man rummer dybt i sit hjerte, og de handlinger man udfører i overensstemmelse med hans vilje, vigtigere end antallet af år, man har været troende. Hvis man går i kirke regelmæssigt, men opbygger en mur af synd ved at være ulydig overfor Guds ord, vil Helligånden forsvinde, og man vil miste selv den mindste tro, der er på størrelse med et sennepsfrø (Første Thessalonikerbrev 5:19). Hvis dette sker, vil man ikke opnå frelse.

I Hebræerbrevet 10:38 siger Gud: *"Og min retfærdighed skal leve af tro, men viger han tilbage fra det, har min sjæl ikke behag i ham."* Hvor vil man være elendig, hvis man har vokset i troen gennem flere år, og alligevel går tilbage til verden! Man må være vågen til enhver tid for ikke at blive fristet eller opleve tilbagegang i troen.

5. Blev Adam frelst?

Der er mange mennesker, som tænker over, hvad der skete med Adam og Eva, efter at de havde spist frugten fra kundskabens træ. Kunne de blive frelst, selv om de blev forbandet og uddrevet fra Edens have på grund af deres ulydighed?

Lad os et øjeblik dvæle ved den proces, hvorved det første menneske Adam var ulydig overfor Guds befaling. Efter at Gud havde skabt himlen og jorden, dannede han mennesket fra jordens støv i sit eget billede. Da han blæste livets ånde ind i mennesket, blev det et levende væsen. Så dannede han Edens have i det østlige Eden, langt væk fra jorden, og førte mennesket derhen.

I Edens have var der smukkere og større overflod end noget sted på jorden. Adam manglede ikke noget, og havde både retten til et evigt liv og til at herske over alle ting. Desuden gav Gud ham en hjælper og velsignede dem til at være frugtbare, talrige og opfylde jorden. Gud velsignede således det første menneske Adam til at leve i det bedste miljø uden nogen mangler.

Dog var der en ting, som Gud forbød. Han sagde: *"Men*

træet til kundskab om godt og ondt må du ikke spise af, for den dag du spiser af det, skal du dø" (Første Mosebog 2:17). Dette markerer Guds absolutte herredømme, og viser, at han havde etableret en orden mellem sig selv og menneskeheden.

Efter lang tid i Edens have var Adam og Eva ulydige overfor Guds befaling, og spiste frugten fra træet, fordi de blev fristet af slangen. De syndede, og deres ånd døde som resultat af deres synder. De blev kødelige og syndefulde.

De måtte uddrives fra Edens have og leve på jorden mellem alle slags lidelser såsom sygdomme, tårer, sorg og smerte, og de måtte dø, når deres liv sluttede, ligesom Gud havde sagt.

Opnåede Adam og Eva frelse og kom i himlen? De var ulydige overfor Guds befaling og syndede mod ham. Af den grund er der mennesker, som siger: "De blev ikke frelst, for de syndede og var skyld i, at alt blev forbandet, og at alle deres efterkommere måtte leve med lidelse." Men kærlighedens Gud åbnede også vejen til frelse for dem. Selv efter at de havde syndet var deres hjerter renere og mildere overfor Gud, end folks hjerter er i dag, hvor man plettes med alle former for synd og ondskab i denne onde verden.

Som resultat af deres synd måtte Adam slide i sit ansigts sved, meget ulig den tid, hvor han havde levet i Edens Have, og Eva måtte føde sine børn i smerte. De bevidnede også begge, at den ene af deres sønner myrdede den anden.

Gennem disse lidelser og oplevelser begyndte Adam og Eva at indse, at de velsignelser og den overflod, de havde nydt godt af i Edens have, havde været dyrebar. De længtes efter den tid, hvor de havde levet i Gud kærlighed og beskyttelse. De mærkede i deres hjerter, at alt det, de havde haft i Edens Have, havde være

Guds velsignelse og kærlighed, og de angrede grundigt deres ulydighed overfor Guds befaling.

Hvordan kunne kærlighedens Guds, som tilgiver selv en morder, hvis han angrer af hjertets grund, undgå at godtage deres anger? De var jo skabt mellem Gud hænder og var blevet næret af Guds nåde og omsorg gennem lang tid. Hvordan kunne han sende dem i helvede?

Gud godtog Adam og Evas anger, og førte dem på vejen til frelse i sin kærlighed. De blev naturligvis kun frelst med nød og næppe, og kom i Paradis. Det skyldes, at de havde forsaget Guds kærlighed, selv om han elskede dem inderligt. Deres ulydighed var ikke en ubetydelig sag, for den bragte Gud megen smerte og kastede utallige generationer ud i død og smerte.

Lad os forestille os en baby, som ikke vokser selv om tiden går. Hvis babyen vokser, som den skal, er forældrene tilfredst. Men hvis den spiser godt, og alligevel ikke vokser, så vil forældrenes uro og bekymring vokse dag for dag.

På samme måde må man stræbe mod at forbedre sin tro ved at lære og adlyde Guds ord fra det øjeblik, man modtager Helligånden og har tro på størrelse med et sennepskorn. Først da vil man blive i stand til at modtage det, som man beder om i Herrens navn, ære Gud og gå frem mod det himmelske rige.

Må du ikke stille dig tilfreds med at blive frelst og at have modtaget Helligånden, men derimod stræbe efter at løfte dig op til et højere niveau af tro og nyde retten og velsignelserne som Guds elskede barn, det beder jeg om i vor Herres navn!

Kapitel 5

Tro til at forsøge at leve ved ordet

1
Troens andet niveau
2
Det vanskeligste stadie af livet i troen
3
Israelitterne tro under udvandringen
4
Medmindre du tror og adlyder
5
Modne og umodne kristne

Jeg finder altså den lov, og jeg,
skønt jeg ønsker at gøre det gode,
kun evner at gøre det onde.
For jeg glæder mig inderst inde
over Guds lov.
Men jeg ser en anden lov i mine lemmer,
og den ligger i strid med loven i mit sind
og holder mig som fange i syndens lov,
som er i mine lemmer.
Jeg elendige menneske!
Hvem skal fri mig fra dette dødsens legeme?
Men Gud ske tak ved Jesus Kristus, vor Herre!
Med mit sind tjener jeg da Guds lov,
men med kødet syndens lov.
(Romerbrevet 7:21-25)

Når man begynder sit liv i Kristus og modtager Helligånden, bliver man indtrængende og brændende i sit liv i troen, og fyld med glæde over frelsen. Man stræber efter at adlyde Guds ord, når man får kendskab til Gud og himlen. Helligånden hjælper med at forstå sandheden og følge den sande vej. Hvis man er ulydig overfor Guds ord, føler man sig som et skarn, fordi Helligånden beklager sig, og man vil efterhånden begynde at indse, hvad synd er.

På denne måde stræber man efter at leve ved Guds ord efterhånden som troen modner, selv om man først kun lige har tilstrækkelig tro til at blive frelst. Lad os undersøge i detaljer, hvordan man levet livet i troen på dette stadie.

1. Troens andet niveau

Når man frelses ved at tro på Jesus Kristus og er på troens første niveau, kan man begå synder uden at vide det, for man har kun begrænset viden om Guds ord. Det er det samme med en baby, som ikke føler nogen skam, selv om han er nøgen.

Men hvis man lytter til Guds ord og føler, at der er spirituelt liv i ordet, vil man være ivrig efter at høre mere og bede. Når man ser de trofaste arbejdere i kirken, vil man ønske at leve et trofast liv i Kristus.

Som følge af dette vil man gradvist gå bort fra en verdslig levevis, komme i kirken og stræbe efter at lytte til Guds ord. Selv om man tidligere har nydt at tilbringe tiden sammen med verdslige venner, vil man nu ønske at følge den spirituelle lære og fællesskabet, for hjertet søger Ånden.

På troens andet niveau lærer man at føre et godt kristent liv som Guds barn gennem budskabet i prædikenerne og vidnesbyrdene fra andre brødre og søstre i Kristus.

Man lærer at leve som kristen. Man overholder Herrens helligdag og giver fuldt tiende til Guds hus. Man lærer, at man altid skal være glad, at man skal bede kontinuerligt, og at man skal være taknemmelig til hver en tid. Man lærer at elske sine naboer som sin egen krop, og at elske selv sine fjender. Man får også at vide, at man skal skille sig af med enhver form for ondt såsom had, misundelse, fordomme og bagvaskelse, og at man skal forsøge at efterligne Herrens hjerte. I dette skæringspunkt beslutter man sig for at leve ved ordet.

2. Det vanskeligste stadie af livet i troen

Man gør sig store vanskeligheder for at adlyde ordet, fordi man kender sandheden. Men på samme tid føler man sig belastet, for det er ikke altid let at leve ved ordet. Handlingerne synes at være i konflikt med viljen.

I mange tilfælde kan man ikke følge ordet, fordi man endnu ikke har modtaget den spirituelle styrke til at gøre det. Nogle mennesker siger endda med suk og beklagelse: "Jeg ville ønske, at jeg slet ikke kendte til kirken."

Lad mig forklare dette med et eksempel: Folk ønsker at holde Herrens dag hellig hver søndag, men til tider lykkes det ikke på grund af sociale arrangementer eller aftaler. Nogle gange går de i kirke søndag morgen, men går glip af aftengudstjenesten. Andre gange skal de til et bryllup, og kommer ikke i kirke.

På dette niveau ved folk også, at de skal give Gud tiende, men til tider adlyder de ikke dette bud. Andre gange fyldes de med had overfor andre, selv om de forsøger ikke at hade. Eller lysten pirres, når de ser en attraktiv person af modsat køn, fordi dette element af synd og ondskab stadig er tilstede i hjertet (Matthæusevangeliet 5:28).

På troens andet niveau må man gøre sit bedste for at adlyde Guds ord, selv om man endnu ikke har modtaget styrken til at gøre det fuldt ud. Ikke desto mindre bør man gøre, hvad man kan for at skille sig af med synder såsom fordomme, misundelse, jalousi, utroskab og lignende, som alt sammen er imod ordet.

Lydigheden overfor ordet er ikke konstant

I Romerbrevet 7:21-23 diskutere apostelen Paulus detaljeret, hvorfor det andet trosniveau er det sværeste stadie af livet i troen:

> *"Jeg finder altså den lov, og jeg, skønt jeg ønsker at gøre det gode, kun evner at gøre det onde. For jeg glæder mig inderst inde over Guds lov. Men jeg ser en anden lov i mine lemmer, og den ligger i strid med loven i mit sind og holder mig som fange i syndens lov, som er i mine lemmer."*

Nogle kristne er fortvivlede over, at de ikke adlyder Guds befalinger, selv om de kender dem. Det er den spirituelle leders pligt med klogskab at lede dem på sandhedens vej.

Lad os forestille os en mand, som ikke kan holde op med at ryge eller drikke. Hvis man irettesætter ham og siger: "Hvis du fortsætter med at ryge eller drikke, vil Gud blive vred på dig.", vil han tøve med at komme i kirke, og til sidst vil han forlade Gud. Det er bedre at opmuntre ham og sige: "Du kan lettere holde op med at ryge eller drikke, hvis Gud hjælper dig. Efterhånden som din tro vokser, vil det blive lettere for dig. Så du skal bede uafbrudt med tillid til Gud." Man skal således ikke forsøge at føre ham til Gud med en fornemmelse af skyld og frygt for straf. Det er bedre at få ham til at komme til Gud med taknemmelighed og forsikring om Guds kærlighed.

Et andet eksempel er en mand, som deltager i gudstjenesten søndag morgen, men åbner sin butik om eftermiddagen. Hvad skal man sige til ham? Det er bedst at vejlede ham med venlig formaning og sige: "Gud er tilfreds med dig, når du overholder Herrens dag. Hvis du holder Herrens dag hellig og beder om hans velsignelse, vil du helt sikkert se, at Gud velsigner dig med mere end det, du kan tjene ved at holde åbent på Herrens dag."

Målet af et menneskes tro bør ikke være statisk uden vækst. Ligesom man ser med børns udvikling, hvor barnet uden naturlig og passende vækst vil blive sygt, handicappet eller dø, så vil også troen blive svækket uden vækst, og der vil være langt til frelsen. Det vil være elendigt ikke at blive frelst!

Jesus fortæller os i Johannesåbenbaringen 3:15-16: *"Jeg kender dine gerninger, du er hverken kold eller varm. Gid du var enten kold eller varm! Men nu, da du er lunken, og hverken varm eller kold, udspyr jeg dig af min mund."* Gud irettesætter os og fortæller os, at vi ikke kan blive frelst med en lunken tro. Hvis vores tro er kold, vil Gud være i stand til at føre os til anger og frelse ved at tillade prøvelser. Men når troen er lunken, er det vanskeligt at finde styrke til selv at angre sine synder.

3. Israelitterne tro under udvandringen

Når man ikke er i stand til at leve efter Guds ord, har man tendens til at beklage sig over sine vanskeligheder i stedet for at overvinde dem med tro og glæde. Ikke desto mindre er kærlighedens Gud tolerant, og opfordre os kontinuerligt til at forblive i sandheden.

For eksempel havde israelitterne været trælle i Egypten i ca. 400 år. De udvandrede under Moses lederskab, og så mange gange Guds kraftfulde gerninger, mens de gik afsted mod Kanaans land.

De bevidnede Egyptens ti plager; Rødehavets vand, der delte sig i to; det bitre vand i Mara, som forvandlede sig til sødt drikkevand. De spiste også manna og vagtler, som kom ned fra himlen, mens de gik gennem syndens ørken. De bevidnede på denne måde Guds forunderlige magt.

Alligevel beklagede de sig frem for at bede med tro, når som helst de stødte på vanskeligheder. Gud havde med sin overflod af kærlighed medlidenhed med dem og førte dem dag og nat, indtil ankom til det Lovede Land.

Et klagende og genstridigt folk

Hvorfor blev israelitterne ved med at mukke og klage, hver gang de blev udsat for prøvelser og vanskeligheder? Det var ikke på grund af selve situationen, men på grund af deres liden tro. Hvis de havde haft sand tro, ville de havde glædet sig over Kanaan, det lovede land, i deres hjerter, selv om de i realiteten var i en ørken.

Med andre ord: Hvis de havde troet på, at Gud helt sikkert ville føre dem til Kanaans land, ville de havde nået det ved at overvinde alle slags vanskeligheder uden at føle fortvivlelse eller smerte uanset hvilken slags problemer, de mødte i ørkenen.

Afhængig af hvilken slags tro og indstilling folk har, vil deres reaktioner variere selv i ensartede miljøer eller situationer. Nogle føler sig fortvivlede i vanskeligheder, andre accepterer dem med en følelse af forpligtelse, og endnu andre vil se Guds vilje i vanskelighederne og adlyde med glæde og taknemmelighed.

Hvordan kan man føre et kristent liv i taknemmelighed uden klage? Lad mig forklare det med et eksempel: Lad os antage, at du lever i Seoul og har store økonomiske vanskeligheder.

En dag kommer der en person til dig og siger: "Der er en diamant på størrelse med en fodbold, der ligger begravet på en strand i Pusan ca. 425 km sydøst for Seoul. Den er din, hvis du finder den. Du må gå eller løbe til stranden, men du må hverken køre i bil, bus eller tog, ej heller flyve for at komme dertil."

Hvordan vil du reagere? Du ville aldrig sige: "OK. Nu er diamanten min, for han har allerede givet mig den, så jeg vil tage af sted for at hente den næste år" eller "Jeg tager afsted om en måned, for lige nu har jeg temmelig travlt." Nej, du ville helt sikkert skynde dig at begynde at løbe i det øjeblik, du hørte om den.

De andre mennesker, som hørte den samme nyhed, ville sandsynligvis begynde at løbe mod Pusan for at finde den værdifulde diamant snarest muligt. Og ingen ville give op på vejen til Pusan til trods for ømme fødder eller udmattelse. I stedet ville de skynde sig for at få den dyrebare diamant, og de ville gøre det med taknemmelighed og glæde uden at mærke smerten i fødderne.

På samme måde kan man løbe troens løb uden klager under nogen omstændigheder, hvis man har sikkert håb om det evige og smukke himmelske rige, og uforanderlig tro.

Lydige mennesker

Hvis man adlyder Guds ord føler man sig hverken fortvivlet eller bebyrdet i sit kristne liv, men glæder sig over det. Når man føler sig urolig i sit liv i troen er det bevis for ulydighed overfor Guds ord, og for at man er kommet på afveje fra hans vilje.

Lad mig illustrere det med en lignelse: I gamle dage brugte man heste til at trække vogne. Hestene blev ofte pisket, mens de arbejdede for deres herre. De blev dog ikke pisket, hvis de adlød, men kun når de fulgte deres egen vilje.

Det samme gælder mennesker, som er ulydige overfor Gud. Disse mennesker gør tingene, som de selv synes, og får deres Herre til at sukke dybt. Fra tid til anden bliver de pisket. Men de mennesker, som adlyder Guds ord, og siger: "Gud, fortæl mig, hvad jeg skal gøre. Jeg vil følge din vilje", har fredfyldte og lette liv.

For eksempel befaler Gud os, at vi ikke må stjæle. Når man adlyder dette bud, har man fred med sig selv. Men hvis man ikke adlyder det, vil man føle sig urolig over at have lysten til at stjæle. Det er kun naturligt, at Guds børn skiller sig af med det, som Gud befaler dem fjerne, for hvis de ikke gør de, vil de føle fortvivlelse af hjertets grund.

Det er derfor Jesus siger følgende i Matthæusevangeliet 7:13-14: *"Gå ind ad den snævre port; for vid er den port, og bred er den vej, der fører til fortabelsen, og der er mange, der går ind ad den. Hvor snæver er ikke den port, og hvor trang er ikke den vej, der fører til livet, og der er få, som finder den!"*

For begyndere i troen føles det til tider ligesom at forsøge at gå ind ad en snæver port at adlyde Guds ord, og de kan føle det hårdt og svært. De vil dog gradvist finde, at vejen til himlen er den sande og glædesfyldte vej.

4. Medmindre du tror og adlyder

De fleste har sikkert allerede hørt følgende vers fra Første Thessalonikerbrev 5 mange gange: *"Vær altid glade, bed uophørligt, sig tak under alle forhold; for dette er Guds vilje med jer i Kristus Jesus"* (ves 16-18).

Mister du glæden, når der sker dig noget trist? Bliver du vred, når folk giver dig problemer? Bliver du angst eller bekymret, når du har finansielle vanskeligheder eller når nogen forfølger dig?

Nogle mennesker vil måske synes, at det er hyklerisk at være glad og taknemmelig selv i svære tider. De vil måske spørge: "Hvorfor skal jeg være taknemmelighed, når der ikke er noget at være taknemmelig for?" De ved også, at de bør være tålmodige, men hidser sig op eller får temperament, når de står overfor vanskelige situationer.

I hjertet begår de utroskab, når de ser tiltrækkende kvinder, for de har endnu ikke skilt sig af med lysten i deres hjerte. Dette beviser, at disse mennesker endnu ikke har skilt sig af med deres synder ved at kæmpe mod dem, og de adlyder dermed ikke ordet.

Man hører ikke Helligåndens stemme

Hvis man er bekendt med Guds ord, men ikke adlyder det, kan man ikke høre Helligåndens stemme, og heller ikke lade sig vejlede af den, for man har bygget en mur af synd mellem sig selv og Gud. Men selv som begynder i troen kan høre dens stemme og lade sig vejlede af den, hvis man konstant overholder Guds ord. Ligesom et lille barn ikke behøver bekymre sig om noget, hvis det adlyder sine forældre, så bliver også Gud tilfreds med os, når vi til stadighed overholder hans bud selv med liden tro.

Lad os tage et eksempel: Forældre tager vare på deres børn i enhver henseende. Men når barnet vokser op og selv kan gå og spise, behøver forældrene ikke længere rette den samme opmærksomhed mod ham. Og når han bliver gammel nok til at komme i skole, er det ikke længere nødvendigt at behandle ham på samme måde, som da han var et spædbarn. Alligevel vil de føle smerte eller fortvivlelse, hvis barnet ikke kan de ting, som han burde kunne gøre.

På samme måde bør man særligt adlyde Guds ord, hvis man har ført et kristent liv længe nok til at blive leder eller medarbejder i kirken. Hvis man har lyttet til hans ord, men fortsætter med at leve et kristent liv med tro som et lille barn, og dermed opbygger en mur af synd overfor Gud, så vil man uden tvivl blive udsat for prøvelser.

I så fald vil man ikke være i stand til at modtage svar fra Gud, selv om man beder til ham. Man kan ikke bære gode frugter i sit liv og heller ikke modtage Guds beskyttelse. Og man vil ikke opleve fremgang, men i stedet møde problemer. Man vil have et lidelsesfyldt og fortvivlende liv med angst og bekymringer.

Man vil hverken modtage Guds svar eller hans beskyttelse

Hvis man er på troens andet niveau, ved man, hvad synd er, og at man skal skille sig af med det onde og usande i sig. Hvis man ikke har skillet sig af med det, men stadig har det i sit sind, hvordan kan man så uden skam komme til den hellige Gud, som er lyset selv? Den fjendtlige Satan og djævlen vil nærme sig, skabe tvivl om Gud og i sidste ende friste til at vende tilbage til verden.

Der var en ældre i min kirke, som forsøgte at få adskillige virksomheder til at bære frugt ved at spørge: "Hvad skal jeg gøre for min hyrde?"

Han havde dog ikke succes, for selv om han var trofast i fysisk forstand, så havde han ikke omskåret sit hjerte, hvilket er det vigtigste. Han kastede skam over Gud ved ikke at følge den rette vej på grund af sine kødelige tanker og sit hjerte, der ofte søgte egen vinding. Han kom med uærlige kommentarer, blev vred på andre mennesker, og var ulydig overfor Guds ord i mange henseender.

Hvis ikke hans økonomiske og mellemmenneskelige problemer havde fortsat, ville han ikke have hold fast ved troen, men i stedet være gået på kompromis med uretfærdigheden. Til sidst kaldte Gud hans sjæl på det bedste tidspunkt, for hans tro var i tilbagegang, og dette ville have fået ham til at miste alle de belønninger, han havde optjent.

Man må derfor indse, at det vigtigste ikke er den fysiske trofasthed og de titler, kirken giver, men derimod at skille sig af med synder ved at leve efter Guds ord.

5. Modne og umodne kristne

Når man er på troens første niveau, føler man sig ikke bekymret og høre ikke Helligåndens klage, selv om man begår synd. Det skyldes, at man endnu ikke kan skelne mellem sandhed og usandhed, og man er derfor ikke klar over, at man synder. Gud bebrejder os ikke så alvorligt, når vi begår synder af manglende kendskab til Guds ord.

En lille baby bliver heller ikke bebrejdet af sine forældre selv om han vælter et glas vand eller smadrer en tallerken, mens han kravler på gulvet. Forældrene eller andre familiemedlemmer bebrejder i stedet sig selv og deres manglende omtanke.

Men når man kommer ind på troens andet niveau, vil man begynde at høre Helligåndens suk i sig, og begynde at føle sig fortvivlet, når man synder. Man kan stadig ikke forstå alt, hvad Gud befaler, for man er som et lille barn i ånden, og det er ikke let at adlyde ordet. Det er derfor mennesker på første og andet niveau af troen kaldes "kristne som får mælk"

Kristne som får mælk

Apostelen Paulus skriver følgende i Første Korintherbrev 3:1-3:

> *"Og jeg kunne ikke tale til jer, brødre, som til åndelige mennesker: jeg måtte tale til jer som til kødelige mennesker, som til spæde i troen på Kristus. Jeg gav jer mælk, ikke fast føde, for den kunne I endnu ikke tåle, og det kan I heller ikke nu; for I er stadig kødelige mennesker. For når der er misundelse og splid iblandt jer, er I så ikke kødelige og lever slet og ret som mennesker?"*

Hvis man tager imod Jesus Kristus, får man retten til at være Guds barn, og ens navn optegnes i Livets bog i himlen. Men man bliver behandlet som et lille barn i Kristus, for man har endnu ikke fuldstændig gendannet Guds billede.

Af den grund må der passes godt på mennesker på troens første og andet niveau. De må undervises i Guds ord, og opmuntres til at leve efter det med samme omhu, som når man giver et spædbarn mælk.

Derfor kaldes disse mennesker "kristne som får mælk." Når deres tro vokser, og de begynder selv at forstå og adlyde Guds ord, kaldes de "kristne som får fast føde."

Hvis man er en kristen, som får mælk – på troens første eller andet niveau – bør man gøre sit bedste for at blive en kristen, som får fast føde. Men man må huske på, at man ikke kan tvinge en kristen, som får mælk op på niveauet for dem, som får fast føde. I så fald vil der opstå fordøjelsesproblemer ligesom når et spædbarn får fast føde.

Man skal derfor være påpasselig, når man tager hånd om sin ægtefælle, sine børn eller enhver anden, som kun har liden tro. Man må først sætte sig i deres sted og vejlede dem til at vokse i troen ved at lære dem om den levende Gud, i stedet for at bebrejde dem eller irettesætte dem deres liden tro, som er et produkt af deres stædige hjerter og ulydige handlinger.

Gud straffer ikke mennesker på troens første og andet niveau, hvis de ikke holder Herrens dag hellig eller ikke lever fuldstændig efter ordet. I stedet forstår han deres situation, og vejleder dem med kærlighed. Vi bør således være i stand til at skelne målet af vores egen tro samt af andres, og udvise omtanke i forhold til målet af tro.

Kristne, som får fast føde

Hvis man stræber efter at føre et godt, kristent liv, selv om man er på det første eller andet niveau af troen, vil Gud beskytte mod mange problemer og prøvelser. Ikke desto mindre bør man ikke stoppe på troens andet niveau uden at forbedre sin tro yderligere. Ligesom forældre, der er urolige, hvis deres børn ikke vokser, som de skal, bliver Gud også tilfreds med at se en god vækst, og Guds børn må derfor være ihærdige efter at vokse i troen gennem ordet og ved bøn.

På det mest hensigtsmæssige tidspunkt vil Gud derfor lade os opleve vanskeligheder, sådan at han kan føre os op på troens tredje niveau. Han velsigner os ikke kun med troens vækst, men også med mange andre ting. Jo større vanskeligheder, man overvinder, jo større vil Guds velsignelse være.

Men hvis man allerede bør være på troens tredje niveau, og alligevel lever et liv som en person på første eller andet trosniveau, så vil Gud give en disciplinerende prøvelse i stedet for en test til at opnå velsignelser.

Lad os forestille os et barn, som mangler afbalanceret ernæring, fordi han fortsat kun drikker mælk, selv om han burde spise andre typer mad. Hvis han insisterer på mælken, kan han blive syg af fejlernæring eller ligefrem dø. I en sådan situation vil forældrene naturligvis gøre deres bedste for at få barnet til at spise nærende mad.

På samme måde vil Gud, som ønsker at få sande børn gennem sin søn Jesus Kristus, tillade prøvelser af de af hans børn, som går på dødens vej og er ulydige overfor ordet. Han vil gøre det med hjertesorg på foranledning af Satans beskyldninger.

Gud behandler sine børn på følgende måde: *"For Herren tugter den, han elsker, han straffer hver søn, han holder af. For jeres opdragelses skyld skal I holde ud; Gud behandler jer som sønner. For hvor er den søn, som ikke tugtes af sin far?"* (Hebræerbrevet 12:6-7).

Hvis Guds barn begår synder, og Gud ikke opdrager ham, så er det tegn på, at den person er meget langt fra Guds kærlighed. Det vil være tragedien over alle tragedier for ham at komme i helvede, fordi Gud ikke længere accepterer ham som sin søn.

Hvis Guds disciplinerende prøvelser kommer over en person, der synder, må man huske, at det er tegn på hans kærlighed, og man må grundigt angre sine synder. Hvis Gud derimod ikke disciplinere en person, som har begået mange synder, så bør vedkommende forsøge at angre sine synder og få tilgivelse.

Man kan få tilgivelse for sine synder, hvis man ikke alene angrer med læberne, men også går bort fra synden. Sand anger med gråd opnås ikke af egen vilje, men kun ved Guds nåde. Man må derfor indtrængende bede Gud om, at han giver angerens nåde. Når man oplever hans nåde, angrer man med tårer og en anger, som flår hjertet.

Og først da vil muren af synd overfor Gud blive revet ned. Hjertet vil blive forfrisket og let. Man vil blive fyldt af Helligånden, samt af gennemtrængende glæde og taknemmelighed, og det vil være beviset på, at man har genvundet Guds kærlighed.

Hvis man allerede bør være på tredje niveau af troen, men opfører sig og lever på måder, som svarer til mennesker på andet trosniveau, så vil det være vanskeligt af modtage den tro, hvormed man kan løse sine problemer. Hvis den gudgivne tro ikke kommer over os, vil det ikke være muligt at helbrede sygdomme med tro, og man kan til sidst kun sætte sin lid til verdslige metoder. Men hvis man angrer sine synder grundigt med tårer, og går bort fra syndens vej, vil man hurtigt genoprette det tredje trosniveau.

Har man først forstået princippet bag troens vækst, bør man ikke længere være tilfreds med sit nuværende trosniveau. Ligesom et barn der vokser, og først kommer i børnehave, så skole, så videregående uddannelse og så videre, må man gøre sit bedste for at forbedre sin tro, indtil man når det højeste trosniveau.

Hvis man er på troens andet niveau, vil troen snart vokse med Helligåndens fylde, for den er allerede blevet plantet og er begyndt at spire, omend den er på størrelse med et sennepsfrø. Med andre ord vil troen vokse nok til, at man adlyder Guds ord ved at væbne sig med ordet gennem ivrig lytning, flittig kirkegang og uophørlig bøn.

Må du ikke kun oplagre Guds ord som viden, men også adlyde det, så det koster blod, og opnå større tro, det beder jeg om i vor Herres navn!

Kapitel 6

Tro til at leve efter ordet

1
Det tredje niveau af tro
2
Indtil troens klippe opnås
3
At kæmpe mod synderne så det koster blod

Derfor: Enhver, som hører disse ord
og handler efter dem,
skal ligne en klog mand,
der har bygget sit hus på klippen.
Og skybruddet kom, og floderne steg,
og stormene suste og ramte det hus.
Men det faldt ikke,
for dets grund var lagt på klippen.
(Matthæusevangeliet 7:24-25)

Forskellige mennesker har forskellige mål af tro. Tro er en gave fra Gud, som gives til os i den udstrækning, vi opfylder sandheden i vores hjerte. Når troen som viden forandres til gudgiven tro, kan man modtage svar fra ham.

Som jeg anførte i forgående kapitel, modtager man Helligånden og ens navn bliver optegnet i Livets Bog i himlen, når man har tro på første niveau. Man begynder at danne et forhold til Gud og kalde ham "Gud Fader."

Derefter vil troen vokse, og man vil nyde at lytte til Guds ord, som er fyldt med Helligånden. Desuden vil man forsøge at adlyde det, man får besked på. Men man adlyder ikke alle befalingerne. Man føler sig bebyrdet af Guds ord og modtager ikke svar på alt. På dette stadie er man på troens andet niveau.

Hvordan kan man så nå til det følgende, tredje niveau af troen, hvor man lever ved ordet? Hvilken slags kristent liv lever man på det tredje trosniveau?

1. Det tredje niveau af tro

Når man tager imod Herren og får Helligånden, bliver troens frø, der er så lille som et sennepsfrø, plantet i hjertet. Hvis frøet spirer vil det nå et niveau af tro, hvor man forsøger at adlyde ordet og derefter at niveau, hvor man rent faktisk adlyder.

Først adlyder man ikke særlig meget, selv om man lytter til ordet, man efterhånden som troen vokser, kan man forstå ordet på et dybere plan og adlyde det i højere grad. Derfor bliver "troen til at adlyde" også kaldet "troen til at forstå på et dybere niveau."

Der er forskel på at forstå ordet og at oplagre det som viden. Det vil sige, at hvis man med magt forsøger at adlyde ordet, fordi man ved at Bibelen er Guds ord, så er det meget anderledes end at adlyde ordet velvilligt, fordi man forstår, hvorfor man bør adlyde det.

At adlyde ordet gennem forståelse

Her følger et eksempel. Lad os antage, at man lytter til et budskab, som prædiker det følgende: "Hvis vi overholder Herrens dag og giver tiende, vil Gud beskytte os overfor problemer og prøvelser. Han vil helbrede sygdomme, velsigne vores sjæl og give os finansielle goder."

Hvis man tror, at man kender ordet efter at have lyttet til budskabet, men ikke forstår det i sit hjerte, vil man ikke altid adlyde det i sit dagligliv. Man vil måske forsøge at adlyde, og tænke: "Ja, det virker rigtigt", men det vil afhænge af situationen. Dette vil gentage sig mange gange indtil man opnår perfekt tro på ordet.

Når man når til at forstå ordet og tro det af hjertet, vil man holde Herrens dag hellig, give fuldt tiende, og ikke gå på kompromis under nogen omstændigheder.

Lad os for eksempel sige, at direktøren for en virksomhed sagde til alle de ansatte: "Hvis I arbejder natten over vil jeg give jer overtidsbetaling og forfremme jer." Hvad ville de ansatte gøre, hvis de troede på direktørens løfte?

De ville helt sikkert arbejde natten over, med mindre de havde en særlig grund til ikke at gøre det. Det tager normalt nogle år at blive forfremmet i et firma, og kræver megen anstrengelse. Så de ansatte i virksomheden ville sandsynligvis ikke tøve med at arbejde på overtid en nat, en måned eller længere.

Det samme gælder for Guds befaling om at holde Herrens dag hellig og give tiende. Hvis man stoler på Guds løfte i forbindelse med at helligholde Herrens dag og give tiende, hvad vil man så gøre?

Lydighed giver velsignelser

Når man holder Herrens dag hellig, anerkender man Guds herredømme. Man anerkender, at Gud er Herren i det spirituelle rige. Det er derfor, Gud beskytter os fra alle slags ulykker og uheld i løbet af ugen, og velsigner vores sjæl til at få det godt, når vi holder Herrens dag hellig. Man anerkender også Guds herredømme ved at give tiende, for man bekræfter, at alting i himlen og på jorden tilhører Gud.

Da Gud er skaberen af alting, kommer livet selv fra Gud, og den styrke, hvormed man anstrenger sig og gør sit bedste, kommer også fra ham. Men andre ord tilhører alting Gud. Ifølge dette princip tilhører hele ens indkomst Gud, men han tillader, at du kun giver ham en tiendedel af det og at du bruger resten selv.

I Malakias' Bog 3:8-9 bliver vi mindet om følgende: *"Kan et menneske bedrage Gud, siden I vil bedrage mig? I spørger: 'Hvordan bedrager vi dig?' Med tiende og afgifter. Forbandet skal I være, når I bedrager mig, det gælder hele folket."*

Hvis man begår den alvorlige synd at frarøve Gud tiende, bliver man forbandet. Omvendt vil man altid være under Guds beskyttelse og få velsignelser i et godt, presset, rystet topfyldt mål, hvis man giver Gud det fulde tiende i lydighed overfor hans befaling (Lukasevangeliet 6:38).

Korrekt forståelse medfører lydighed

Først når du for alvor forstår den sande betydning af ordet frem for kun at oplagre det som viden, kan du adlyde det og få velsignelser fra Gud, som belønner os i overensstemmelse med, hvad vi har gjort. Hvis man ikke forstår den sande betydning af ordet vil man dog ikke være i stand til fuldt ud at adlyde det, selv om man forsøger på det, for man har dømt det til at være viden i hjernen.

I så fald må man stræbe efter at vokse i troen. Et spædbarn vil dø, hvis det ikke får noget at spise. Det skal have mad med regelmæssige mellemrum, bevæge hænder og fødder, se, høre og lære fra sine forældre og fra andre. I denne proces vil spædbarnets viden og visdom øges, og det vil vokse op og modnes som det skal.

På samme måde må troende ikke kun høre Guds ord, men også forsøge at forstå dets sande betydning. Når man beder om at forstå Guds ord, vil man blive i stand til at forstå betydningen og opnå styrke til at adlyde det.

For eksempel siger Gud følgende i Første Thessalonikerbrev

5:16-18: *"Vær altid glade, bed uophørligt, sig tak under alle forhold; for dette er Guds vilje med jer i Kristus Jesus."* Mennesker på troens andet niveau vil sandsynligvis bede, takke og være glade med en følelse af pligt, fordi det er Guds befaling. Men de takker ham ikke, når de ikke føler sig taknemmelige, og de er ikke glade, når de står overfor vanskelige situationer, for de adlyder kun ordet på grund af en følelse af pligt.

Mennesker på troens tredje niveau adlyder derimod ordet, fordi de står på en klippe af tro. De forstår, hvorfor de skal takke under alle forhold, hvorfor de skal bede uophørligt og hvorfor de bør være glade. De er derfor glade og taknemmelige af hjertets grund, og beder kontinuerligt under alle forhold.

Hvorfor befaler Gud, at man hele tiden skal være glad? Hvad er den sande betydning af denne befaling? Hvis man kun er glad, når der sker noget glædeligt, og ikke er glad overfor problemer eller bekymringer, så er man ikke bedre end verdslige mennesker, som ikke tror på Gud.

Disse mennesker forfølger verdslige ting, for de ved ikke hvor mennesket kommer fra, og hvor det skal hen. De er derfor kun glade, når deres liv er fyldt med behagelige og lykkelige begivenheder og motiver. I den øvrige tid bliver de overvældet og opslugt af bekymringer, angst, sorg eller smerte, der kommer fra verden.

Troende kan dog leve på en meget anderledes måde end disse mennesker, for de har håb om himlen. Som troende behøver vi ikke bekymre os eller blive urolige, for vores sande Fader er Gud, som skabte himlen og jorden, og som har hersket over alting og menneskets historie. Hvorfor skulle vi bekymre os eller frygte noget? Desuden har vi slet ikke andet valg end at være glade, for vi vil leve det evige liv i det himmelske rige gennem Jesus Kristus.

Tro til at adlyde ordet

Når man forstår Guds ord af hjertets grund, kan man glæde sig selv på tidspunker, hvor der ikke er noget at glæde sig over, takke selv når tingene går en imod og bede selv når det virker umuligt at bede. Først da vil den fjendtlige djævel forsvinde, man vil blive fri for besværligheder og problemer, og alle slags vanskeligheder vil løse sig, fordi man har den almægtige Guds beskyttelse.

Hvis man hævder at tro på den almægtige Gud, men stadig har bekymringer eller er modvillig med at glæde sig, når man står overfor problemer, så er man på troens andet niveau.

Men hvis man transformeres til i sandhed at forstå Guds ord, og være glad og taknemmelig af hjertet, så er man på det tredje niveau. Det følgende finder sted på troens tredje niveau: I den udstrækning man forsøger at tjene og elske andre, vil hadet forsvinde og hjertet vil lidt efter lidt blive fyldt med spirituel kærlighed til at elske selv ens fjender. Det skyldes, at man nu forstår Herrens kærlighed, da han tog korset for os syndere.

Jesus blev korsfæstet, spottet og mishandlet af onde syndere, selv om han kun gjorde det gode og var skyldfri. Han hadede ikke de mennesker, som korsfærstede og spottede ham, men bad til Gud for deres tilgivelse. Til sidst demonstrerede han sin store kærlighed ved at give sit liv for dem.

Før vi lærte at forstå Jesu, vor Herres store kærlighed, har vi måske hadet mennesker, som har såret eller bagvasket os uden grund. Men nu må vi kun hade deres synder, og ikke personerne.

Vi må heller ikke nære had overfor dem, som har arbejdet hårdere end os selv og er mere prisværdige end os selv. I stedet må vi glædes med dem og elske dem endnu højere i Kristus. Man har måske tvivlet på Guds ord de første gange, man har hørt det, men nu er tiden kommet til at tage imod ordet med glæde uden tvivl og fordomme. På troens tredje niveau adlyder man Guds ord befaling for befaling.

Guds belønninger kræver tro ledsaget af handlinger

Før jeg mødte Gud, led jeg af alle slags sygdomme i syv år og fik øgenavnet "sygdommenes varehus." Jeg gjorde alverdens anstrengelser for at blive helbredt, men alt var forgæves og mine sygdomme blev værre dag for dag. Det var tilsyneladende umuligt at blive helbredt med lægevidenskaben og til sidst kunne jeg ikke gøre andet end at vente på døden.

En dag blev jeg øjeblikkeligt helbredt af Guds kraft, og genvandt mit gode helbred. Gennem denne vidunderlige oplevelse mødte jeg den levende Gud, og siden da har jeg fuldt ud stolet på ham uden at tvivle, og jeg har fuldt ud holdt mig til Bibelens ord. Jeg adlød alle Guds befalinger ubetinget. Jeg var glad hele tiden på trods af vanskeligheder, og jeg takkede selv i svære situationer, for det var det, Gud befalede mig at gøre gennem Bibelen.

Det var min største glæde at deltage i gudstjenester og bede til Gud om søndagen. Jeg afslog endda tilbuddet om at rigtig godt job og begyndte at arbejde på byggepladser, fordi jeg var fast besluttet på at holde Herrens dag hellig.

Ikke desto mindre var jeg fyldt af glæde og taknemmelighed

over, at Gud var min fader. Han kom til mig, da jeg ventede på døden som følge af mange alvorlige sygdomme, og jeg var taknemmelig over hans ufattelige nåde. Jeg fortsatte med at bede og faste for fuldt ud at leve efter Guds ord. En dag skete det så, at jeg hørte Guds stemme kalde mig til at være hans tjener. Med lydigt hjerte besluttede jeg mig for at blive en god tjener, og i dag tjener jeg ham som pastor.

Jeg takker Gud af hjertets grund, om end jeg knæler for at bede, går hen ad gaden, eller snakker med nogen. På samme måde glæder jeg mig altid af hele hjertet. Bekymringer og problemer har vi alle, og som senior pastor for en kirke med 100.000 medlemmer har jeg meget arbejdet og mange ansvarsområder. Jeg skal undervise og oplære mange tjenere for Gud for at opfylde den gudgivne pligt og fuldføre verdensmissionen ved at føre utallige mennesker til Herren. Djævlen planlægger alle slags tricks for at hindre gennemførelsen af Guds plan og opsætter alle slags besværligheder og prøvelser. Der er mange ting, som jeg kunne sørge over, bønfalde om eller bekymre mig over, hvis jeg lod mig overvælde af dem eller blev grebet af frygt.

Men jeg er aldrig blevet besat eller overvundet af bekymringer og angst, for jeg forstod klart Guds vilje. Jeg takkede ham og bad med glæde, uanset hvor store mine prøvelser og problemer var, så Gud hjalp mig altid og velsignede mig endnu mere.

2. Indtil troens klippe opnås

Ser man tingene uden tro gennem frygtens og angstens linse, vil det kun skade ånden og helbredet. Hvis man forstår den spirituelle betydning af Guds ord, som siger: *"Vær altid glade, bed uophørligt, sig tak under alle forhold; for dette er Guds vilje med jer i Kristus Jesus,"* (Første Thessalonikerbrev 5:16-18) så vil man takke af hjertet i enhver situation.

Det skyldes, at man tror fast på, at dette er den rette måde til at behage Gud, elske ham og modtage svar fra ham. Desuden er det nøglen til at løse alle problemer, modtage hans velsignelser og skille sig af med den fjendtlige Satan og djævlen. Lad os som eksempel tage en kvinde og hendes svigerdatter, som ligger i ufred med hinanden. De ved, at de burde elsker hinanden og være i fred med hinanden. Men hvad vil der ske med dem, hvis de bebrejder hinanden og bærer nag? Så vil det ikke være muligt at løse et eneste problem mellem dem.

Hvis svigermoderen bagvasker svigerdatteren overfor andre familiemedlemmer og naboer, og svigerdatteren taler ondt om svigermoderen overfor andre, vil stridigheder og konflikter ikke kunne afsluttes, og der vil ikke være fred i hjemmet.

Men hvis de hver især angrer det, de selv har gjort galt, forsøger at forstå hinanden ved at sætte sig selv i den andens sted, tilgive og elske hinanden, så vil der komme fred i hjemmet. Svigermoderen vil tale pænt om sin svigerdatter uanset om svigerdatteren er med hende eller ej, og svigerdatteren vil omvendt rose og respektere sin svigermor af hjertet. Og de vil have et fredfyldt og kærligt indbyrdes forhold! Og på netop denne måde vil de desuden opnå Guds kærlighed.

Det indledende stadie på det tredje niveau af tro

Der er nogle mennesker, som ikke er i stand til at adlyde ordet selv om de ved, at det er sandt. Det skyldes, at de stadig har mange usandheder i hjertet, hvilket er imod Guds vilje, og usandheden udslukker Helligåndens ønsker. Når man træder ind i de tidlige stadier af det tredje niveau af tro, begynder man at kæmpe mod synderne, så det koster blod (Hebræerbrevet 12:4).

For at skille sig af med sine synder må man stræbe med indtrængende bøn og faste, sådan som Jesus har sagt os: *"Den slags kan kun drives ud ved bøn"* (Markusevangeliet 9:29). Først da vil man modtage tilstrækkelig styrke og nåde fra Gud til at leve ved Guds ord. På samme måde vil man være ivrig efter at skille sig af med det, som Gud befaler, at man skal skille sig af med, og at gøre det, som befales gennem Bibelen.

Betyder det, at enhver, som holder Herrens dag hellig og giver tidende, er på det tredje trosniveau? Nej, det er ikke tilfældet. Nogle mennesker kan gå i kirke om søndagen og give tiende med en hyklerisk indstilling. De gør det kun, fordi de er bange for at blive udsat for prøvelser og vanskeligheder, hvis ikke de overholder befalingerne, eller fordi de ønsker, at Guds tjenere skal tale pænt om dem. Hvis man tilbeder Gud i ånden og sandheden, vil hans ord være sødere end honning.

Men hvis man er modvillig overfor at gå i kirke, vil man kede sig under prædikenen og tænke ved sig selv: "Bare denne gudstjeneste snart ville slutte....." Det skyldes, at selv om ens krop er i Guds kirke, så er hjertet et andet sted.

Hvis man deltager i gudstjenesten, men lader sit hjerte flyve mod verden, kan det ikke siges, at man holder Herrens dag hellig, for Gud undersøger de troendes hjerter. I dette tilfælde er man stadig på andet niveau af troen, selv om man giver fuldt tiende.

Målet af tro vil variere fra person til person, selv om de måske befinder sig på samme trosniveau. Hvis det perfekte mål af tro er 100%, så vil en persons tro gradvist rejse sig fra 1% og videre til 10%, 20%, 50% og så videre, og nå 100% på hvert niveau af tro. Når troen vokser sig op til 100%, flytter den op på et højere trosniveau.

Lad os for eksempel opdele målet af tro på andet niveau fra 1% til 100%. Når troen nærmer sig 100% på det andet trosniveau, kan man opnå det tredje niveau af tro. På samme måde kan man nå det fjerde niveau, når troen på tredje niveau er vokset til 100%. Derfor bør man være i stand til at undersøge, på hvilket niveau af tro, man befinder sig, og i hvilken grad, man har opnået dette niveau.

Troens klippe

Når et menneskes tro når op over 60% på det tredje trosniveau, siger man, at dette menneske står på troens klippe. I Matthæusevangeliet 7:24-25 fortæller Jesus os følgende: *"Derfor: Enhver, som hører disse ord og handler efter dem, skal ligne en klog mand, der har bygget sit hus på klippen. Og skybruddet kom, og floderne steg, og stormene suste og ramte det hus. Men det faldt ikke, for dets grund var lagt på klippen."*

"Klippen" henviser her til Jesus Kristus (Første Korintherbrev 10:4), og "troens klippe" henviser til at stå fast på sandheden, Jesus Kristus. Hvis man står på troens klippe efter at have opnået mere end 60% på det tredje niveau af tro, vil man ikke falde til trods for prøvelser og problemer. Man vil adlyde Guds vilje til enden, for man står fast på troens klippe, når først man for alvor har indset at det er den rette vej og Guds vilje.

Dermed kan man altid leve et sejrrigt liv og ære Gud uden at blive fristet af den fjendtlige Satan og djævlen. Desuden vil glæden og taknemmeligheden gennemtrænge hjertet til trods for enhver slags prøvelser og problemer, og man vil nyde freden og hvilen ved uophørlig bøn.

Lad os antage, at ens søn er ude for en trafikulykke, og næsten bliver slået ihjel. Til trods for denne åbenlyse tragedie græder man af taknemmelighed af hjertets grund og glæder sig over at stå fast på sandheden. Selv hvis man bliver handicappet på grund af et trafikuheld vil man ikke bebrejde Gud noget, eller sige:"Hvorfor har Gud ikke beskyttet mig?." Man vil i stedet takke Gud for at have beskyttet de kropsdele, som ikke er kommet til skade.

Rent faktisk er det rigelig grund til at takke Gud, at vores synder er blevet tilgivet, og at vi kan komme i himlen. Selv om man bliver handicappet, vil det ikke være en hindring for, at man kan komme i himlen, for når man kommer ind i det himmelske rige, bliver den handicappede krop blive ændret til en perfekt, himmelsk krop.

Med andre ord er der ingen grund til at klage eller være trist. Gud beskytter os naturligvis altid, hvis vi har denne slags tro. Selv om Gud tillader, at vi kommer til skade i en trafikulykke, sådan at vi kan modtage velsignelser, så vil vi kunne blive fuldstændig helbredt med tilstrækkelig tro.

Et triumferende liv på troens klippe

Selv om mennesker på det indledende stadie af det tredje niveau af troen ønsker at adlyde ordet, så adlyder de til tider med glæde og til andre tider med en vis modvilje. Det skyldes, at de endnu ikke er fuldt ud hellige, og at der kan være konflikter mellem sandhed og usandhed i deres hjerter.

For eksempel forsøger man at tjene andre og ikke at hade dem, for Gud lærer os, at vi ikke må hade andre, og at vi skal elske selv vores fjender. Men selv om det ser ud som om, man tjener andre, kan man stadig føle sig bebyrdet, fordi man ikke elsker dem af hjertet. Hvis man står fast på troens klippe, vil det dog ikke lykkes for den fjendtlige djævel og Satan at friste eller genere, for man følger Helligåndens ønsker af et sandt hjerte, og man vil ikke have noget at frygte, når man går midt i Gud den almægtiges magt.

Ligesom den unge David modigt og med tro sagde til kæmpen Goliat: *"Krigen er Herrens, og han vil give jer i vores hånd"* (Første Samuelsbog 17:47), sådan vil man også være i stand til at komme med lignende modige bekræftelser af troen, og Gud lader os sejre i overensstemmelse med vores tro. Intet kan hindre os eller udmatte os, når den almægtige Gud er vores hjælper.

Hvis man har fællesskab med Gud og elsker ham, vil man få svar på sine problemer og forespørgsler i det øjeblik, man beder med tro. Dette gælder dog ikke for mennesker, som kun sjældent beder og som ikke har fællesskab med Gud. Når de står overfor problemer er det meget vanskeligt for dem at få svar fra Gud, selv om de siger: "Gud vil helt sikker finde en løsning." Det er som om, de venter på, at æblet skal falde ned af træet af sig selv. Derfor bør vi bede uophørligt.

Hvordan man når troens klippe

Det er ikke let for en bokser at blive verdensmester. Det kræver uophørlig anstrengelse, tålmodighed, og stor selvkontrol. I begyndelsen vil han tabe øvelseskampe hele tiden, fordi han endnu ikke har de nødvendige egenskaber.

Men efterhånden som han træner og kontinuerligt raffinere sine færdigheder, vil det lykkes ham at ramme konkurrenten mindst en gang, selv om han først selv bliver slået to-tre gange. Og forbedrer han fortsat sine evner og sin styrke med tålmodig anstrengelse, vil han efterhånden begynde at vinde flere kampe, og hans sikkerhed vil øges.

Ligeledes vil en elev, som er god til engelsk, nyde engelskundervisningen og se frem til den næste time. Men en elev, som er dårlig til engelsk, vil sandsynligvis kede sig og føle sig belastet af engelskundervisningen.

Det samme finder sted i den spirituelle krigsførelse mod den fjendtlige djævel. Hvis man er på det andet trosniveau, vil Helligånden i os kæmpe voldsomme kampe mod det syndefulde begær, for de to ønsker har samme styrke og færdigheder. Når den ene slår den anden, slår den anden igen. Det er det samme med den spirituelle krig mod djævlen. Til tider overvinder man djævlen, og til tider bliver man overvundet af ham.

Men hvis man fortsætter med at bede og forsøge at adlyde ordet uden at lade sig skuffe, vil Gud udøse sin nåde og styrke, og Helligånden vil hjælpe. Som resultat vil Helligåndens ønske trives i hjertet og troen vil vokse kontinuerligt og nå det tredje trosniveau.

Når først man kommer ind på det tredje trosniveau, vil den

syndefulde naturs lyster blegne bort, og det vil blive lettere at leve i troen. Hvis man beder kontinuerligt som ordet befaler, vil man nyde at bede til Gud. Og hvor man tidligere kun kunne bede ti minutter, vil man blive i stand til at bede i tyve minutter, så tredive minutter og endnu senere kan man bede i to-tre timer uden problemer.

Det er ikke let for begyndere i troen at bede mere end ti minutter i træk, for de har ikke nok emner eller forespørgsler at bede om, så det kan være vanskeligt for dem, og de misunder mennesker, som beder flydende uden problemer. Hvis man fortsætter med at bede tålmodigt af hele hjertet, vil man få styrke fra oven til at bede flere timer om dagen. Gud giver os sin nåde og styrke til at bede, når man gør sit bedste for at bede til ham kontinuerligt.

På denne måde vil troen modnes ved kontinuerlig bøn. Når man når op på et højere mål af tro indenfor det tredje niveau, vil man have en urokkelig tro som gør, at man ikke viger fra den rette vej til trods for prøvelser og problemer.

Hinsides troens klippe

Når man står på troens klippe, er man elsket af Gud, og han løser alle problemer og giver svar på hvad som helst, man beder om. Man kan også høre Helligåndens stemme, og vil være fyldt af glæde og taknemmelighed under alle omstændigheder, sådan som Gud befaler. Desuden vil man blive mere opmærksom i den uophørlige bøn, for man hæfter sig ved de ord, som er optegnet i Bibelens 66 bøger.

Hvis man er en ældre, en præst eller en kirkeleder, men ikke kan høre Helligåndens stemme, så skal man vide, at man endnu ikke står på troens klippe. Dette betyder dog ikke nødvendigvis, at man kun kan høre Helligåndens stemme, når man står på troens klippe.

Selv begyndere i troen kan høre stemmen, hvis de adlyder Guds ord efterhånden som de lærer det. På grund af deres lydighed overfor ordet vil de hurtigt vokse fra begyndere i troen på første niveau til det niveau, hvor man står på troens klippe.

Siden jeg tog imod Herren, begyndte jeg at forstå Guds nåde i mit hjerte, og jeg forsøgte at adlyde ordet, efterhånden som jeg lærte det. På grund af denne bestræbelse blev jeg i stand til at høre Helligåndens stemme og følge den med en fornemmelse af, at jeg med glæde ville opgive livet for Herren, hvis det var nødvendigt.

Det tog mig tre år at komme til at høre Helligåndens stemme klart. Man kan naturligvis høre stemmen efter et år eller to, hvis man flittigt læser Guds ord, holder det i hu og adlyder det. Men uanset hvor længe man har været troende, vil man ikke høre Helligåndens stemme, hvis man lever efter egen tænkning uden at adlyde ordet.

Der er nogen troende, der siger: "Tidligere var jeg fyldt med Helligånden og havde god tro. Jeg tjente kirken aktivt. Men min tro er blevet mindre efter at jeg er kørt fast spirituelt set på grund af et andet medlem af kirken." I sådan et tilfælde kan man ikke sige, at denne person har haft god tro og flittigt har tjent kirken.

Hvis sådanne personer virkelig havde god tro, ville de i første omgang slet ikke have ladet sig forstyrre af andre medlemmer, og de ville aldrig have forladt deres tro. Det har kun været muligt for dem at handle, som de har gjort, fordi deres tro udelukkende var kødelig, det vil sige: At den bestod af kendskab til Guds ord som viden uden ledsagende handlinger.

Vi bør ikke være så tåbelige, at vi forlader kirken efter at være blevet viklet ind i problemer med andre medlemmer af kirken. Det vil være meget beklageligt, hvis man bedrager Gud, som har forløst os fra synder og givet os sandt liv, kun for at vende tilbage til den verden, der fører til evig død. Og alt sammen på grund af en uheldig forbindelse med en prædikant, en leder, en bror eller en søster i kirken!

Hvis man beder hyklerisk kun for at fremstille sig selv som en person med flammende tro, eller hvis man føler sig fortvivlet eller fjendtlig overfor mennesker, som bagtaler og sladrer, så må man indse, at man er langt fra troens klippe. Når man står på troens klippe er man ikke fjendtlig, men beder for alle med tårer og i kærlighed.

Gennem mit virke i kirken siden 1982 har jeg oplevet ekstremt uacceptable ting og hændelser. Nogle prædikanter og medlemmer har været for onde til at de kunne tilgives fra et menneskeligt perspektiv, men jeg har aldrig følt fjendtlighed overfor dem. Mens jeg har ventet på, at de skulle ændre sig, har jeg forsøgt at se deres gode og elskelige sider i stedet for deres ondskab.

Sådan kan man adlyde ordet fuldt ud og nyde den frihed, som sandhedens ord giver os, når vi har det fulde mål af tro på tredje niveau, og står fast på Guds ord. Så vil man altid være glad, takke uophørligt, og bede kontinuerligt. Man vil aldrig miste fornemmelsen af taknemmelighed, og aldrig føle sig trist. Desuden vil man stå fast på Jesu Kristi klippe uden at lade sig rokke eller lede på afveje.

3. At kæmpe mod synderne så det koster blod

Hos de mennesker, som er på det andet trosniveau, kæmper Helligåndens ønsker en krig mod den syndefulde naturs lyster. Men de mennesker, der er på det tredje niveau af tro, uddriver den syndefulde naturs lyster og fører triumferende liv i ordet, fordi de følger Helligåndens ønsker.

På det tredje trosniveau er det let at leve et liv i Kristus, for man har allerede skillet sig af med den syndefulde naturs gerninger, mens man var på det andet niveau af troen. Når man kommer ind på det tredje trosniveau, begynder man dog at kæmpe mod den syndefulde naturs lyster – en blanding af syndens natur og den kødelige krop, som er rodfæstet dybt i os – så det koster blod.

Resultatet er, at når man når det fulde mål af tro på det tredje niveau, tænker man ikke længere i overensstemmelse med det syndefulde sind, men adlyder fuldt ud ordet og nyder sandhedens frihed, for man har allerede skillet sig af med alle slags spor af den syndefulde natur.

Vigtigheden af at fjerne den syndefulde natur

Hvis man elsker Gud og adlyder hans ord, tager det ikke lang tid af hæve målet af tro fra andet til tredje trosniveau. Men hvis man ikke forsøger at adlyde ordet, selv om man går regelmæssigt i kirke, kan man derimod ikke øge målet af tro til et højere niveau, og man må forblive på det nuværende niveau: Det andet trosniveau.

Det er det samme med et frø, ligger lang tid uden at blive

såct: Hvis ikke det sås, mister det sit liv. Ånden kan også kun vokse, når man forstår Guds ord og adlyder det. Man bør gøre sit bedste for at forstå ordet og adlyde det, sådan at sjælen kan trives.

Når først et frø kommer i jorden, der det let for det at spire. Spiren kan dø, hvis der kommer voldsom storm eller hvis folk tramper på den, og derfor må man tage vare på de unge spirer. Ligeledes bør mennesker, som er på troens tredje niveau, tage vare på folk, som er på troens første eller andet niveau, sådan at de kan vokse godt i troen.

Hvis man vokser sig til at være som et stort træ i troen ved at komme ind på det tredje trosniveau, vil man dog ikke vælte uanset hvor mange stormfulde prøvelser og ulykker, man bliver udsat for. Et stort træ er ikke let at rive op med rode, selv om dets grene kan bøjes eller bukkes, for det er plantet dybt i jorden. På samme måde kan det synes, at man er ved at vælte på grund af prøvelser eller problemer, men man kan genvinde sin styrke og fortsætte med at vokse i troen, fordi man er rodfæstet dybt i en tro, der ikke rokkes under nogen omstændigheder.

En uophørlig indsats mod det fulde mål af tro

Man kan hæve sin tro fra andet til tredje niveau, når man er fast besluttet på at gøre det, og det er ikke svært. Men ligesom det tager lang tid for et ungt træ at vokse, få blomster, danne frugt og blive et stort træ, hvor fuglene bygger rede, tager det også lang tid at få troen til at vokse fra tredje til fjerde niveau. Det skyldes, at man må lytte til Guds ord, som det er optegnet i de 66 bøger i Bibelen og forstå det i ånden, men det er ikke let at opnå en perfekt forståelse af Gud Faders vilje på kort tid.

Selv om en elev klarer sig rigtig godt i grundskolen, kan han for eksempel ikke komme direkte på universitetet eller begynde at drive sin egen virksomhed umiddelbart efter, at han har taget afgangseksamen.

Dog er der nogle begavede mennesker, som kommer på universitetet efter at have afsluttet grundskolen i ung alder, mens andre må forsøge adskillige gange, inden de kommer ind.

På samme måde kan man nå det fjerde trosniveau hurtigt eller langsomt afhængig af indsats. Den væsentligste faktor er naturligvis hvilken størrelse kar, personen er. Et lille kars anstrengelser hjælper ikke meget med at modne troen, selv om han forstår ordet og har tro og håb om himlen. Et stort kar, som forstår, hvad der er rigtig, og løser alt på den rette måde, fortsætter derimod sin stræben, til han når sit mål.

Man må derfor forstå, at det er afgørende at gøre sig enhver anstrengelse og kæmpe mod sine synder, så det koster blod, for at løfte sin tro fra tredje til fjerde trosniveau hurtigst muligt.

At udføre sin pligt, mens man skiller sig af med synder

Man må ikke negligere sine gudgivne pligter, mens man kæmper mod sine synder. Der var for eksempel en senior diakonisse i min kirke, som havde været hos mig fra kirkens grundlæggelse. Hun og hendes mand, som begge led af alvorlige sygdomme, kom til min kirke, modtog min bøn og blev helbredt.

Siden da genvandt hun sit gode helbred og forsøgte at hæve niveauet af sin tro, men udførte ikke fuldt ud sin pligt som senior diakonisse. Hun kæmpede ikke mod synderne, så det kostede blod, og ondskaben forblev i hendes hjerte, selv om hun fortsatte med at gå i kirke og lytte til Guds ord i 15 år. Hendes gerninger og ord vidnede om, at hendes tro var på andet trosniveau.

Heldigvis blev hun spirituelt vækket få måneder før sin død, og forsøgte at behage Gud ved at uddele kirkens nyhedsbreve. Hun modtog min bøn tre gange, og blev givet det tredje trosniveau på kort tid.

Man skal ikke alene kæmpe mod sine synder, så det koster blod, for at skille sig af med alle former for ondt, men også udføre sin gudgivne pligt af hele hjertet, sådan at man kan opnå et højere niveau af tro.

Det er meget svært at skille sig af med synden selv, men hvis man får Guds styrke fra himlen, er det let.

Må du være en vis kristen i Guds øjne, og huske på, at hans kraft kommer over dem, som ikke alene skiller sig af med enhver form for synd og ondskab ved at kæmpe mod dem, så det koster blod, men som også udfører deres gudgivne pligter, det beder jeg om i vor Herres navn!

Kapitel 7

Tro til at elske Herren i allerhøjeste grad

1
Fjerde niveau af troen

2
Sjælen trives

3
At elske Gud ubetinget

4
At elske Gud frem for alt andet

Den, der har mine bud og holder dem
han er den, der elsker mig;
og den, der elsker mig,
skal elskes af min fader;
også jeg skal elske ham og give mig til kende for ham.
(Johannesevangeliet 14:21)

Ligesom man må tage et skridt af gangen, når man går op af en trappe, så må man lade sin tro vokse fra et niveau til det næste, indtil man opnår det fulde mål af tro. For eksempel står der i Første Thessalonikerbrev 5:16-18: *"Vær altid glade, bed uophørligt, sig tak under alle forhold; for dette er Guds vilje med jer i Kristus Jesus."* Det er forskelligt i hvor høj grad, man overholder denne befaling, og dette afhænger af målet af den enkeltes tro.

Hvis man er på troens andet niveau, bliver man mismodig, når man står overfor prøvelser og problemer frem for at være glad og taknemmelig, for man har endnu ikke fået tilstrækkelig styrke til at leve ved Guds ord. Når man kommer ind på det tredje niveau af troen og skiller sig af med synderne ved at kæmpe mod dem, så det koster blod, er man i stand til i nogen grad at være glad og taknemmelig selv under prøvelser og problemer.

Kommer man ud for alvorlige problemer, mens man er på troens tredje niveau, er man måske lidt tvivlende eller skeptisk, eller måske må man tvinge sig til at være glad og taknemmelig, for man har stadig ikke fuldt ud forstået Guds hjerte.

Men står man fast på troens klippe, som har dybere rødder end det tredje trosniveau, så vil man være glad og taknemmelig af hjertet, selv om man står overfor prøvelser og problemer. Og når man et højere trosniveau – fjerde niveau – vil glæde og taknemmelighed altid gennemtrænge hjertet. På det fjerde niveau er man dermed meget langt fra at være trist eller have dårligt temperament under prøvelser og problemer. I stedet reflekterer man over sig selv på en ydmyg måde, og spørger sig selv: "Har jeg gjort noget galt?" Som resultat af dette vil enhver, som når det fjerde niveau, få held med hvad som helst, de foretager sig, og de vil være i stand til at elske Herren i allerhøjeste grad.

1. Fjerde niveau af troen

Når troende siger: "Jeg elsker dig, min Herre" vil bekendelsen for dem, der er på troens andet eller tredje niveau være meget anderledes end bekendelsen for mennesker på troens fjerde niveau. Det skyldes, at der er stor forskel på at elske Herren moderat og at elske ham i allerhøjeste grad. I Ordsprogenes bog 8:17 bliver vi lovet følgende: *"Jeg elsker dem, der elsker mig, og de, der søger mig, finder mig."* De mennesker, som elsker Herren i allerhøjeste grad, kan få hvad som helst, de beder om.

At elske Herren i allerhøjeste grad

Forfædrene i troen, som elskede Gud i allerhøjeste grad, var fyldt med overstrømmende glæde og oprigtig taknemmelighed, selv om de led uden at have gjort noget galt. For eksempel takkede profeten Daniel Gud med tro og bøn, selv om han var ved at blive smidt i løvekuglen på grund af onde menneskers bedrag.

Gud var tilfreds med hans tro, og sendte sin engel for at lukke løvernes munde og beskytte Daniel. Efterfølgende forherligede

Daniel Gud i højeste grad (Daniels Bog 6:10-27)

En anden gang bekendte Daniels tre venner deres tro på Gud overfor Kong Nebukadneser, selv om de stod for at blive smidt i ovnen med flammende ild på grund af at de ikke ville tilbede en guldstøtte.

I Daniels Bog 3:17-18 siger de: *"Kommer det dertil, så kan vores Gud, som vi dyrker, redde os. Han kan redde os ud af ovnen med flammende ild, og ud af din magt, konge. Og selv om han ikke gør det, skal du vide, konge, at vi ikke vil dyrke din gud, og at vi ikke vil tilbede den guldstøtte, du har opstillet."*

De troede ufravigeligt på Gud, som gør alting muligt med sin magt, og bekræftede fast, at de var klar til at opgive livet for den Gud, de dyrkede, selv hvis han ikke frelste dem fra ilden.

De var trofaste overfor deres pligt uden at ønske noget til gengæld, og beklagede sig ikke til Gud, selv om de stod overfor prøvelser med livet som indsats uden selv at være skyld i det. Selv i denne situation kunne de glæde sig og takke for Guds nåde, for de var alle sikre på, at de ville komme i himlen til deres kærlige Faders arme, hvis de blev brændt til døde i den flammende ild. I overensstemmelse med deres trosbekendelse beskyttede Gud dem fra ilden, så end ikke et hår på deres hoved blev svidet. Ved synet af denne mirakuløse hændelse blev kongen overrasket, ærede Gud og forfremmede Daniels tre venner til højere stillinger end de tidligere havde haft.

Lad os dvæle ved dette eksempel: Apostelen Paulus og Silas blev brutalt pågrebet og smidt i et mørkt fængsel af onde mennesker, mens de rejste rundt for at prædike budskabet. En nat sang de lovsange og takkede Gud, da fængslets døre pludselig sprang op på grund af et jordskælv (Apostlenes gerninger 16:19-26).

Forestil dig, at du selv led på grund af uretfærdighed ligesom disse forfædre i troen. Tror du, at du ville være i stand til at glædes og takke af hjertets grund? Hvis du har på fornemmelsen, at du ville blive ophidset, vred eller temperamentsfuld, så må du indse, at du er langt fra troens klippe. Hvis man når hinsides troens klippe, så vil man altid være glad og taknemmelig af hjertets grund til trods for problemer og prøvelser, for man vil forstå Guds forsyn. Når man lider på grund af uretfærdighed, må der være en årsag til lidelsen. Men hvis man kan udpege denne årsag med Helligåndens hjælp, kan man glædes og være taknemmelig.

Og hvad med David, Israels største konge? På grund af hans søn Absaloms oprør måtte kong David opgive tronen og flygte, og han levede uden mad og hjem. Der ud over blev David stenet og forbandet af en ussel menig ved navn Shim'i. En af Davids tjenere bad kongen om at dræbe Shim'i, men David afviste denne forespørgsel med ordene: *"Lad ham bare forbande mig, når Herren har sagt, at han skal"* (Anden Samuelsbog 16:11).

Desuden ytrede David aldrig så meget som et enkelt klageord under sine prøvelser. Han holdt fast ved at elske og stole på Gud, og at forblive fast i troen. Midt i sådanne prøvelser var David i stand til at skrive smukke og fredfyldte lovord, som dem der findes i Salmernes Bog 23.

David stolede altid på, at Gud arbejdede for hans bedste, selv når han stod i en dårlig situation på grund af problemer og prøvelser, for han forstod Guds vilje og han takkede til alle tider

Gud og fældede glædestårer.

Efter at David havde overstået sine prøvelser, blev han igen konge, og Gud elskede endnu højere end før. Desuden blev han i stand til at gøre Israel så stærkt, at nabolandende gav landet tributter. På denne måde sørgede Gud for at alt arbejdede for kong Davids bedste, og han gav ham velsignelser.

At adlyde Herren med glæde og den allerhøjeste kærlighed

Lad os sige, at en mand og en kvinde står for at blive gift med hinanden. De er meget forelskede, og de føler, at de hver især er i stand til at opgive livet for den anden. De ønsker begge at give den anden alt, hvad de kan, og at behage hinanden på alle måder, selv på egen bekostning.

De ønsker at være sammen så tit, meget og længe, som de overhovedet kan. De er ligeglade med, om det er koldt, hvis de går sammen på en snefyldt sti eller i storm. Og de føler sig slet ikke trætte eller udmattede, selv om de er oppe til langt ud på natten for at snakke med hinanden i telefonen.

Hvis man elsker Herren i allerhøjeste grad på samme måde som dette forlovede par elsker hinanden, og har et uforanderligt hjerte for ham, så vil man være på det fjerde niveau af troen. Og hvordan kan man så vise sin kærlighed til ham? Hvordan måler Herren vores kærlighed til ham?

Jesus fortæller os i Johannesevangeliet 14:21 det følgende: *"Den, der har mine bud og holder dem, han er den, der elsker mig; og den, der elsker mig, skal elskes af min fader; også jeg skal elske ham og give mig til kende for ham."*

Man bør adlyde Guds befalinger, hvis man elsker ham; dette er beviset på kærligheden til Herren. Hvis en person i sandhed elsker ham, vil Gud også elske vedkommende, og Herren vil være med ham og give sig til kende for ham. Hvis man omvendt ikke adlyder hans befalinger, er det vanskeligt at få tjenester, anerkendelse eller velsignelser fra Gud.

Elsker du i sandhed Herren? Hvis du gør det, vil du helt sikkert adlyde hans befalinger og ære ham i ånden og sandheden. Du vil aldrig være sløv eller søvnig, når du lytter til budskabet, for hvordan kan du sige, at du elsker en person, hvis du falder i søvn, når han eller hun taler til dig? Hvis du i sandhed elsker din partner vil det være en kilde til oprigtig glæde at lytte til vedkommendes stemme.

På samme måde vil man være glad og lykkelig, når man lytter til Guds ord, hvis man virkelig elsker ham. Hvis man føler sig søvnig eller keder sig, er det tydeligt, at man ikke elsker Gud. Første Johannesbrev 5:3 minder os om følgende: *"For dette er kærlighed til Gud: at vi holder hans bud; og at hans bud ikke er tunge."*

For de mennesker, som i sandhed elsker Gud, er det bestemt ikke svært at overholde hans bud. Hvis man opnår tro til i sandhed at elske Gud, vil man også overholde hans bud fuldt ud. Man overholder dem i tro med kærlighed af hjertets grund i stedet for at adlyde modvilligt eller med en fornemmelse af bebyrdelse.

Hvis man kommer ind på troens fjerde niveau, vil man adlyde hvert eneste af Guds ord med glæde, fordi man elsker ham højt, ligesom en ægtefælle ønsker at give og gøre hvad som helst, den anden beder om.

Den onde kan ikke gøre skade

De mennesker, som elsker Herren i allerhøjeste grad, bliver fuld ud hellige ved at adlyde ordet fuldstændig, ligesom der står i Første Thessalonikerbrev 5:21-22: *"Prøv alt, hold fast ved det gode, hold jer fra det onde i enhver skikkelse!"*

Hvordan belønner Guds os, når vi ikke alene skiller os af med synder ved at kæmpe mod dem, til det koster blod, men også skiller os af med enhver form for ondt? Hvordan ser man beviset på hans kærlighed til os? Gud giver mange løfter om velsignelser til dem, som opnår hellighed og renhed, for han belønner os, som vi sår.

Første Johannesbrev 5:18 fortæller os følgende: *"Vi ved, at enhver, som er født af Gud, ikke synder, men han, som selv blev født af Gud, bevarer ham, og den Onde kan ikke røre ham."* Man vil blive et åndeligt menneske, når man ikke længere begår synder, men stræber efter at leve ved Guds ord og skille sig af med synderne ved at kæmpe mod dem, så det koster blod. Så kan den onde djævel ikke længere gøre skade, for Gud holder hånden over os.

Derefter lover Første Johannesbrev 3:21-22 os følgende: *"Mine kære, hvis vort hjerte ikke fordømmer os, har vi frimodighed overfor Gud, og hvad vi end beder om, får vi af ham, fordi vi holder hans bud og gør det, som behager ham."* Vore hjerter fordømmer os ikke, når vi behager Gud ved ikke alene at adlyde hans bud, men også at skille os af med alle slags ondt.

Så vil vi have frimodighed overfor Gud og han vil give os hvad som helst, vi beder os, sådan som han har lovet os. Han lyver aldrig, og han skifter ikke mening. Han opfylder hvad som helst, han siger eller lover (Fjerde Mosebog 23:19). Han giver os dermed hvad som helst vi beder om, hvis vi elsker ham i allerhøjeste grad og bliver hellige.

Selv da jeg kun var begynder i troen, følte jeg mig noget skuffet, når budskabet eller gudstjenesten var kort, for jeg ønskede at vide mere om Guds vilje og modtage hans nåde. Jeg nåede det fulde mål af tro på kort tid, fordi jeg gjorde mit bedste for at overholde ordet, så snart jeg forstod det.

Som resultat af dette giver jeg i dag alting til Gud, selv mit liv, og hele min sjæl, mit hjerte og mit sind, og jeg lever kun ved ordet for at elske ham i allerhøjeste grad og behage ham. Selv om jeg giver ham alt, hvad jeg har, længes jeg altid efter at kunne give ham mere. Min kone og mine børn har hengivet sig til Herren af hele hjertet, idet jeg har lært dem at leve på denne måde. Hvis man føler sig belastet af sit kristne liv, må man være tørstig efter Guds ord, forsøge at tilbede ham i ånden og i sandheden, og stræbe efter at leve kun ved ordet.

2. Sjælen trives

Mennesker på det fjerde niveau af tro lever altid ved ordet, og de bekender af hjertets grund, for de tænker konstant over, hvad de kan gøre for at behage Gud, og lydige handlinger følger den tro, der udgår fra hjertet. Det skyldes, at de elsker Gud i allerhøjeste grad.

I Tredje Johannesbrev 1:2 lover han disse mennesker følgende: *"Min kære, frem for alt ønsker jeg, at du må have det godt og være rask, ligesom din sjæl har det godt."* Hvad betyder det at sjælen har det godt? Hvilken slags velsignelser bliver der givet?

Sjælen trives

Da mennesket først blev skabt, åndede Gud livets ånde ind i ham, og han blev en levende ånd. Han bestod af ånd, hvorigennem han kunne have fællesskab med Gud; sjælen, som kontrolleres af ånden; og kroppen, hvor ånden og sjælen dvæler. Mennesket kunne leve evigt som en levende ånd (Første Mosebog 2:7; Første Thessalonikerbrev 5:23).

Hvis et menneskes sjæl har det godt, kan det regere over alle ting og leve evigt, ligesom det første menneske Adam, som kommunikerede med Gud og fuldt ud adlød hans vilje.

Adam var dog ulydig overfor én af Guds befalinger, og mistede alle de velsignelser, han havde modtaget fra Gud. Gud havde givet ham følgende befaling: *"Du må spise af alle træerne i haven. Men træet til kundskab om godt og ondt må du ikke spise af, for den dag du spiser af det, skal du dø!"* (Første Mosebog 2:16-17). Adam var ulydig overfor Guds befaling og spiste af kundskabens træ. Hans ånd, hvorigennem han kommunikerede med Gud, døde, og han blev uddrevet fra Edens have.

Når vi siger, at hans sjæl døde, betyder det ikke at Adams ånd forsvandt, men at den mistede sin oprindelige kapacitet. Ånden burde have en førende rolle, men sjælen tog åndens plads, idet ånden døde. Indtil da havde Adam gennem sin ånd kommunikeret med Gud, som er Ånd.

Men Adams ånd døde på grund af hans ulydighed, og som resultat af dette kunne han ikke længere kommunikere med Gud. Han blev dermed et sjæleligt menneske, og sjælen fik åndens plads som hersker.

Ordet "sjæl" henviser til hukommelsessystemet i hjernen, og alle slags hukommelse og tanke, hvormed den oplagrede erindring reproduceres. At være et sjæleligt menneske betyder, at man ikke sætter sin lid til Gud, men i stedet til menneskelig viden og teori. Den fjendtlige Satan arbejder konstant på at påvirke menneskets tanker – hans sjæl – og på den måde fyldes mennesket med uretfærdighed og ondskab, og verden fyldes med ondskab i den udstrækning, mennesket har ladet sig påvirke. Folk bliver i stadig højere grad plettet af synder, og generationerne korrumpere.

Det første menneske Adam var som åndeligt menneske herre over alle ting, og have evigt liv, fordi hans ånd var hersker og kommunikerede med Gud. Men da mørket brød ind i hans hjerte, som havde været fyldt med sandhed, kom hjertet gradvist under den fjendtlige Satans kontrol på grund af Adams ulydighed.

Resultatet blev at alle efterkommere af den ulydige Adam blev ligesom dyr, der består af sjæl og krop uden ånd. Vi har været nødt til at leve med alle former for usandhed såsom løgne, utroskab, had, mord, misundelse og jalousi, som alt sammen er imod Guds ord (Prædikerens Bog 3:18).

Ikke desto mindre har kærlighedens Gud åbnet døren til frelse gennem sin søn Jesus Kristus, og han har givet Helligånden som gave til enhver, som tager imod Jesus Kristus, sådan at den døde ånd kan genoplives. Helligånden giver liv til ånden i mennesket, sådan at det gradvist bliver et åndeligt menneske.

De mennesker, som opnår dette, kan nyde alle velsignelser ligesom det første menneske Adam, mens han endnu var en levende ånd, for deres sjæl begunstiges, hvilket vil sige at deres ånd bliver hersker, og at sjælen adlyder ånden.

Når man tager imod Jesus Kristus og får Helligånden, er man på troens første niveau. Så kan man stå på troens klippe og leve efter ordet gennem en voldsom kamp mellem ånden, som vil følge Helligåndens ønsker, og sjælen, som følger den syndefulde naturs lyster. Når man når det fjerde trosniveau, bliver man hellig og ligner Herren, for ånden bliver hersker.

Ånden kontrollerer sjælen

Når ånden hersker over sjælen og sjælen adlyder ånden som en tjener, kan det siges, at sjælen har det godt. Og så vil man helt naturligt komme til at ligne Herren med hensyn til hjerte og indstilling, som der står i Filipperbrevet 2:5: *"I skal have det sind overfor hinanden, som var i Kristus Jesus."*

Når ånden hersker over sjælen, hersker Helligånden fuldt ud over dit hjerte, for sandhedens ord fra Gud kontrollere hjertet, og som følge af dette sætter man ikke længere sin lid til egen tænkning. Med andre ord kan man fuldt ud adlyde Guds ord, for man har udryddet alle slags kødelige tanker, og hjertet udvikler sig til at være sandheden selv.

Når man bliver et åndeligt menneske og lader sig lede af Helligånden, kan man undslippe enhver form for prøvelser og problemer samt undgå farer under alle omstændigheder. Hvis der for eksempel sker en naturkatastrofe eller en ulykke, vil man allerede have hørt Helligåndens stemme, som har rådet til at flygte til et mere sikkert sted.

Når sjælen har det godt vil man hengive alle sine gøremål til Gud med et lydigt hjerte. Han hersker dermed over vores hjerte og tanker, leder os på rette vej og velsigner os med godt helbred.

Femte Mosebog 28 skriver desangående:

> *"Alle disse velsignelser skal komme over dig og nå dig, hvis du adlyder Herren din Gud: Velsignet være du i byen, og velsignet være du på marken. Velsignet være frugten af dit moderliv og frugten af din jord og frugten af dit kvæg, dine oksers afkom og dine fårs tillæg. Velsignet være din kurv og dit dejtrug. Velsignet være du, når du kommer hjem, og velsignet være du, når du går ud"* (Femte Mosebog 28:2-6).

De, som adlyder Guds ord, fordi deres sjæle trives, vil ikke alene opnå evigt liv i himlen, men også få alle slags velsignelser med hensyn til helbred og goder allerede i denne verden.

Må alt gå dig godt

Josef, som var søn af Jakob, blev sat i en fortvivlende situation. Hans brødre solgte ham, da ham var ung, og han blev ført til Egypten, hvor han blev sat i fængsel i vanære uden at have gjort sig skyldig i noget galt.

Til trods for denne vanskelige situation mistede Josef ikke modet, men lod sig lede af den almægtige Gud. På grund af hans store tro håndterede Gud alting for Josef, og forberedte alle de ting, han havde brug for. Som følge af dette gik alting godt for Josef, og han opnåede stor ære ved at blive statsminister i Egypten.

Selv om Josef som ung var blevet ført til Egypten og var blevet slave for en egypter, så blev han til sidst leder af Egypten og kunne redde både sin familie og det egyptiske folk fra de syv års tørke. Desuden lagde han fundamentet for at det israelske folk kunne leve der.

I dag er der mere end seks milliarder mennesker på jorden. Blandt dem er er mere end en milliard, som tror på Jesus Kristus. Og blandt den kristne befolkning på en milliard vil Gud særligt elske de af sine børn, som er skyldfri og pletfri. Han er altid med dem og velsigner dem på alle måder. Når de står overfor vanskeligheder, vil han bevirke, at de undslipper vanskelighederne eller føre dem til at bede. Og når de beder, modtager Gud deres bøn og får vanskelighederne til at forsvinde, for han er en retfærdig Gud.

For nogle år siden blev jeg inviteret til at tale ved en Forkyndelseskonference i Los Angeles. Før afgangen følte jeg en stærk tilskyndelse fra Gud til at bede for konferencen, så jeg koncentrerede mig om at bede for netop dette i et bedehus i bjergene i to uger. Jeg blev ikke klar over, hvorfor Gud havde tilskyndet mig til at bede for denne konference, før jeg ankom til Los Angeles.

Den fjendtlige Satan og djævelen havde opildnet onde mennesker til at forhindre konferencen i at finde sted, og arrangementet var næsten blevet aflyst. Men efter at have modtaget min bøn og bønnerne fra kirkens medlemmer, havde

Gud sat en stopper for deres udspekulerede planer.

Så da jeg ankom til Los Angeles, var alting parat til konferencen, og den blev afholdt med stor succes og uden problemer. Desuden fik jeg mulighed for at vise Gud stor ære ved at foretage en velsignelser af byrådet i Los Angeles, og jeg modtog som den første koreaner et æresborgerskab fra regionsrådet for Los Angeles.

Når sjælen trives, vil man således overlade alting til Gud. Når vi på denne måde overlader alting gennem bøn uden at sætte lid til egen tænkning, vilje eller planlægning, så vil Gud vejlede sindet og føre os, sådan at alting vil gå godt.

Og når man støder på vanskeligheder, vil Gud på alle måder arbejde for det bedste, hvis man er taknemmelig selv i svære situationer. Og man har fast tillid til, at Guds vilje er det bedste. Til tider kan man støde ind i problemer, fordi man følger sin egen erfaring eller tænkning uden at sætte sin lid til Gud, men selv i forhold til disse vanskeligheder vil Gud straks hjælpe, når man indser sin fejl og angrer.

Fuldt kontrolleret af Helligånden

Når man står på troens klippe, vil alle former for tvivl forsvinde, og man tror fast på den Levende Gud og hans gerning såsom Herrens genopstandelse og genkomst, skabelsen af noget ud af intet, og hans svar på vores bønner.

Overfor enhver form for prøvelser og problemer kan man derfor kun glæde sig, bede og takke Gud, for man rammes aldrig af tvivl. Ikke desto mindre kontrollerer Helligånden stadig ikke hjertet 100%, for man har endnu ikke nået det fulde mål af helliggørelse. Til tider kan man ikke helt sikkert sige, om man hører Helligåndens stemme eller ej, og man kan blive forvirret af de kødelige tanker, som stadig er tilstede.

For eksempel beder en person for at åbne en forretning, og der viser sig et passende lokale. Han åbner virksomheden i tiltro til, at Gud har besvaret bønnen. Først går forretningen tilsyneladende godt, men efterhånden går det ned ad bakke. Personen indser, at han ikke hørte Helligåndens stemme, men i stedet satte sin lid til egen tænkning.

De mennesker, der står på troens klippe, er for det meste succesfulde, for de forstår sandheden og lever ved ordet, men de er endnu ikke perfekte i troen, for de er ikke kommet ind på det niveau, hvor de fuldstændig overlader alting til Gud, og kun sætter deres lid til ham.

Hvordan er mennesker på troens fjerde niveau? Hvis man er på det fjerde trosniveau, er hjertet allerede blevet forandret til sandhed, livet er indrettet i overensstemmelse med Guds ord, og sandheden er blevet integreret i krop og sjæl. Hjertet er blevet forandret til ånd, og ånden hersker fuldstændig over sjælen. Man lever dermed ikke længere i overensstemmelse med egen tænkning, for Helligånden hersker 100% over hjertet. Så har man fremgang med hvad som helst man gør, for man lader sig føre af Gud og lytter til Helligåndens vejledning.

Når først man har bedt om at opnå noget, vil man blive ledt på fremgangens og succesens vej uden at foretage fejl ved at vente med udholdenhed på Helligåndens vejledning. Første Mosebog 12 minder os om, at Abraham adlød og forlod sit hjemland, så snart Gud havde befalet ham det, selv om han ikke anede, hvor han skulle tage hen. Men på grund af hans lydighed overfor

Guds vilje, blev han velsignet til at blive troens forfader og Guds ven.

Man har ikke noget at bekymre sig om, når Gud leder ens vej. Man vil få velsignelser i alle henseender, når man stoler på ham og følger ham, for den almægtige Gud er med os.

Fuldstændigt lydige handlinger

Når man kommer ind på troens fjerde niveau, vil man med glæde adlyde alle befalinger, for man elsker Gud i allerhøjeste grad. Man adlyder ikke modvilligt eller tvungent, men frivilligt og med glæde af hjertets grund, fordi man elsker ham.

Lad mig bruge et eksempel for at forklare det bedre: Lad os sige, at du har stor gæld, og hvis du ikke betaler af på den, vil du blive straffet i overensstemmelse med loven. Og lad os antage, at et af dine familiemedlemmer har behov for en operation. Du vil helt sikker være temmelig modløs over ikke at have nogen penge i en så alvorlig situation.

Hvordan vil du så reagere, hvis du tilfældigt finder en stor diamant på gaden? Din reaktion vil afhænge af målet af din tro.

Hvis du er på troens første niveau, hvor du kun lige opnår frelse, vil du måske tænke: "Med denne diamant kan jeg betale min gæld og udgifterne til operationen." Dette viser, at du ikke kender Guds ord særlig godt endnu. Du vil kigge dig omkring for at se, om nogen ser dig, og hvis der ikke er nogen, vil du samle diamanten op.

Hvis du er på troens andet niveau, hvor du forsøger at leve efter ordet, vil du måske opleve en spirituel krig mellem den syndefulde naturs lyster, som siger: "Dette er Guds svar på min bøn", og Helligåndens ønsker, som siger: "Nej, det er at stjæle. Du skal aflevere den til den rette ejer."

Først vil du måske tøve og spekulere over, om du skal tage den eller bringe den til politiet, men til sidst vil du lægge den i lommen, fordi det ondes tilstedeværelse er stærkere end de gode kræfter i dig. Hvis du ikke har nogen gæld og ikke er i en nødsituation, vil du måske tøve et øjeblik, og derefter bringe den til politiet. Men er du i en håbløs situation, vil det onde i dig helt sikkert vinde over det gode.

Hvis du er på tredje trosniveau eller står på troens klippe og følger Helligåndens ønsker, vil du bringe diamanten til politiet, fordi du ønsker at aflevere den til den rette ejer. Ikke desto mindre kan du få den tanke, at du kunne have afbetalt gælden og betalt for operationen, hvis du havde beholdt den. Dermed går du glip af den indre ædelsten, som kommer med den perfekte tro, for der er stadig usande lyster i dit hjerte.

Hvordan vil du reagere i denne vanskelige situation, hvis du er på troens fjerde niveau? Så vil du slet ikke tænke over egne ønsker ved synet af den kostbare sten, for der er ikke noget usandt i dit hjerte og de onde ideer når aldrig dit sind. I stedet vil du have ondt af ejeren og tænke: "Hvor må han være ked af det! Han leder garanteret efter den overalt. Jeg vil skynde mig til politiet med den!" Du vil gøre som tænkt og straks bringe den til politiet.

Hvis man elsker Herren i allerhøjeste grad og er på troens fjerde niveau, vil man altid adlyde Guds lov uanset om nogen ser, hvad man gør, for ens liv følger loven. I denne situation er det slet ikke nødvendigt at forsøge at adskille Helligåndens stemme fra andre impulser, som f.eks. ens eget syndefulde sind.

Før man står på troens klippe vil man mange gange finde sig selv i svære situationer, fordi man har vanskeligt ved at skelne mellem egne tanker og Helligåndens stemme. Og selv om man står på troens klippe er det til tider svært at skelne disse to ting fuldstændigt.

Men når først man har nået målet af tro på det fjerde niveau, vil man ikke have grund til at føle sig bebyrdet, og man har kun brug for at følge Helligåndens stemme, for han bestyrer hjerte og sind 100%.

Når man er på fjerde trosniveau sætter man ikke sin lid til menneskelig tænkning, visdom eller erfaring, for Herren leder ens vej. Dermed kan man nyde "Jehovahjireh" velsignelserne (Herren vil forsyne), og alting vil gå godt.

3. At elske Gud ubetinget

Hvis man er på fjerde trosniveau, elsker man Gud ubetinget. Man udbreder budskabet eller udfører trofast Guds arbejde, for man opfatter det som sin pligt at gøre det, og forventer ikke at modtage nogen særlig velsignelse eller svar fra Gud. På samme måde tjener man sine naboer med offerkærlighed. Det gør man uden at forvente nogen form for gengæld fra dem, og af ren kærlighed til deres sjæle.

Beder forældre deres børn om noget til gengæld for deres kærlighed? Nej, aldrig; kærlighed er at give. Forældre er ganske simpelt taknemmelige og glade for at have børn, som de elsker. Hvis der er forældre, som ønsker, at deres børn adlyder dem, eller kun opdrager deres børn for at kunne prale af dem, så forventer de rent faktisk en gengæld for deres kærlighed.

På samme måde ønsker børn ikke nogen gengæld fra deres forældre, hvis de elsker dem af et sandt hjerte. Når de udfører deres pligt og gør deres bedste for at behage forældrene, vil forældrene helt automatisk tænke over, hvad de kan give deres børn for at glæde dem.

Hvis man når det mål af tro, hvor man elsker Herren i allerhøjeste grad, vil man takke Gud, alene fordi man har modtaget frelsens nåde. Man vil føle, at det slet ikke vil være muligt at tilbagebetale denne nåde, og man kan ikke undgå at elske Gud ubetinget.

Hvis man har tro til at elske Gud ubetinget, vil man bede, arbejde og tjene Guds rige og retfærdighed dag og nat uden at forvente noget til gengæld.

At elske Gud med et uforanderligt hjerte

I Apostlenes Gerninger 16:19-26 læser man om Paulus og Silas, som blev pågrebet og slæbt til markedspladsen af onde menneske, selv om de kun havde gjort gode ting såsom at prædike budskabet for ikke-jøderne og uddrive dæmoner. De blev klædt af, slået brutalt og smidt i fængsel, hvor de blev sat i den inderste celle, og deres fødder blev fæste i gabestokke. Hvad ville du mon gøre i deres sted?

Hvis du var på første eller andet niveau af troen, ville du nok beklage dig eller sukke: "Gud, er du virkelig til? Vi har arbejdet trofast for dig indtil nu. Hvorfor har du så ladet os kaste i fængsel?"

På troens tredje niveau ville du nok ikke sige sådanne ord, men måske bede i en deprimeret tone: "Gud, du har set, hvordan vi er blevet ydmyget, mens vi har udbredt dit budskab. Dette er alt sammen meget smertefuldt. Helbred os, og hjælp os med at slippe fri!"

Paulus og Silas takkede dog Gud og sang lovsange for ham, selv om de var i en håbløs og alvorlig situation, og ikke vidste, hvad der ville ske med dem. Pludselig kom der et voldsomt jordskælv, og fængslets fundament blev rystet. Alle fængslets døre sprang op, og alle fangernes kæder løsnedes. På grund af dette mirakel tog fangevogteren og hans familie imod Jesus Kristus og blev frelst.

Mennesker på fjerde niveau af troen kan ære Gud i ethvert øjeblik, for de har stærk tro og dermed kan bede og prise Gud med glæde under enhver form for prøvelse eller problem.

At adlyde alt med glæde

I første Mosebog 22 befaler Gud Abraham at ofre sin eneste søn Isak som brændoffer. Et brændoffer er et offer, som gives til Gud ved at skære et dyr i stykker, lægge stykkerne på et bål på alteret og brænde dem.

Det tog tre dage for Abraham at komme til Morija-landet, hvor han skulle ofre sin søn Isak som brændoffer i lydighed overfor Guds befaling. Det er vanskeligt at forestille sig, hvordan han har haft det under den tre dage lange rejse.

Nogle mennesker påstår, at Abraham tog der hen med et indre dilemma: "Skal jeg adlyde Gud eller ej?." Men det var ikke tilfældet.

Mennesker på troens tredje niveau forsøger at elske Gud, fordi de ved, at de bør gøre det. Men mennesker på fjerde trosniveau elsker ham simpelthen uden at gøre noget særligt for det. Gud vidste på forhånd at Abraham ville adlyde ham med glæde, og afprøvede hans tro. Og han tillader ikke så vanskelige prøvelser af mennesker, som ikke er i stand til at adlyde ham.

Det er derfor, der står i Hebræerbrevet 11:19, at *"han regnede med, at Gud havde magt til endog at oprejse fra de døde, og derfra fik han ham billedligt tilbage."* Abraham kunne med glæde bestå troens prøve, for han troede på, at Gud kunne oprejse hans søn fra de døde. Da han havde bestået prøven, fik han enorme velsignelser. Han blev forfader i troen, alle nationers velsignelser, og han blev kaldet Gud ven.

Hvis man er et menneske, som adlyder Gud med glæde, er man altid taknemmelig og i godt humør på trods af enhver prøvelse og ethvert problem. Man kan ikke andet end at takke Gud af hjertets grund og bede, for man ved, at Gud altid arbejdet for det bedste og giver velsignelser gennem prøvelser og forfølgelse.

Gud behages af denne tro, og giver disse personer hvad som helst, de beder om. Som Jesus siger i Matthæusevangeliet 8:13: *"Det skal ske dig, som du troede"* og i Matthæusevangeliet 21:22: *"Alt, hvad I beder om i jeres bønner, skal I få, når I tror."*

Hvis man stadig har en ubesvaret bøn, er det bevis på, at man ikke fuldt ud har stolet på Gud, men har tvivlet. Man bør derfor søge at nå stadiet af betingelsesløs kærlighed til Gud ved at adlyde ham med glæde af hjertets grund under alle omstændigheder.

At tage imod alting med kærlighed og medlidenhed

Hvad vil du mon gøre, hvis nogen bebrejder dig eller beskylder dig uden grund? Hvis du er på troens andet niveau, vil du ikke være i stand til at modstå det, og du vil beklage dig eller komme i skænderi over sagen. Og hvis du stadig har megen ondskab i sindet, vil du have et hidsigt temperament, og du vil måske selv begynde at komme med beskyldninger. Det er dog ikke rigtigt for troende på Gud at vise nogen form for ondskab såsom vrede, temperamentsfuldhed, eller aggressivitet, hvilket vi bliver mindet om i Første Petersbrev 1:16: *"I skal være hellige, for jeg er hellig."*

Og hvordan vil du reagere, hvis du er på troens tredje niveau? Du vil føle smerte og uro på grund af at Satan arbejder uophørligt i dine tanker. Det skyldes, at selv om du tænker, at du burde være glad, så er det kun en ringe mængde taknemmelighed og glæde, der udgår fra dit hjerte.

Hvis du er på troens fjerde niveau, vil dit sind ikke blive rystet, og du vil ikke føle dig generet, selv om andre hader dig eller forfølger dig uden grund, for du har allerede skilt dig af med enhver form for ondt.

Jesus følte hverken uro eller smerte, selv om han stod overfor forfølgelse, fare, vanære og foragtelig behandling, mens han prædikede budskabet. Han sagde aldrig ting i stil med: "Jeg har kun gjort det gode, men onde mennesker har forfulgt mig og endda forsøgt at dræbe mig. Det gør mig fortvivlet." Han udtalte sig der imod kun med livgivende ord.

Hvis du er på troens fjerde niveau, vil dit hjerte ligne Herrens hjerte. Du vil sørge på grund af dem, der forfølger dig og bede for dem i stedet for at hade dem eller føle fjendskab overfor dem. Du vil tilgive og forstå dem, og tage imod dem med kærlighed og medlidenhed.

Jeg håber, du vil forstå, at i ensartede situationer vil nogle mennesker reagere med temperament og had, mens andre vil føle sig triste og deprimerede, og endelig vil der være nogen, som tilgiver og tager imod andre med kærlighed og medlidenhed uden at føle sig fortvivlede, og de vil overvinde det onde med godhed.

4. At elske Gud frem for alt andet

Hvis man når det niveau, hvor man elsker Herren i allerhøjeste grad, vil man fuld ud adlyde hans befalinger, og sjælen vil trives. Det vil være naturligt at elske Gud frem for alt andet. Det er derfor, apostelen Paulus bekender i Filipperbrevet 3:7-9, at han anser alt, hvad han har haft, for tab, og at han har tabt alt det, han havde, fordi han betragtede det som "skarn":

> "Dog, hvad jeg havde af fortjeneste, der regner jeg nu på grund af Kristus for tab. Ja, jeg regner det så vist for tab på grund af det langt større at kende Kristus Jesus, min Herre. På grund af ham har jeg tabt det alt sammen, og jeg regner det for skarn, for at jeg kan vinde Kristus og findes i ham, ikke med min egen retfærdighed, den fra loven, men med den, der fås ved troen på Kristus, retfærdigheden fra Gud grundet på troen."

Når man elsker Gud frem for alt andet

Jesus lærer os i de fire evangelier at de mennesker, som opgiver alt de har, og elsker Gud frem for alt andet ligesom apostelen Paulus, vil blive velsignet. Han lover i Markusevangeliet 19:29-30, at han vil give dem tilbage hundred gange i denne verden og i det evige liv i den kommende verden:

> *"Sandelig siger jeg jer; Der er ingen, der har forladt hjem eller brødre eller søstre eller mor eller far eller børn eller marker på grund af mig og på grund af evangeliet, som ikke får det hundreddobbelt igen nu i denne verden, både huse og brødre og søstre og mødre og børn og marker, tillige med forfølgelser, og evigt liv i den kommende verden."*

Sætningen "forladt hjem eller brødre eller søstre eller mor eller far eller børn eller marker på grund af mig og på grund af evangeliet" betyder spirituelt set, at man ikke længere begærer sådan verdslige ting, og at man giver afkald på alle kødelige forhold og elsker Gud, som er ånd, frem for alt andet.

Det betyder naturligvis ikke nødvendigvis, at man ikke elsker andre mennesker, men kun at man elsker Gud mest. Desangående fortæller Første Johannesbrev 4:20-21 os følgende: *"Hvis nogen siger: 'Jeg elsker Gud,' men hader sin broder, er han en løgner; for den, der ikke elsker sin broder, som han har set, kan ikke elske Gud, som han ikke har set. Og dette bud har vi fra ham: Den, der elsker Gud, skal også elske sin broder."*

Folk siger, at forældre laver børn. Mennesket formes i

moderskødet ved en kombination af faderens sæd og moderens æg. Men både sæden og ægget er skabt af Gud Skaberen, ikke af forældrene selv.

Desuden vender den synlige krop tilbage til at være en håndfuld støv efter døden. Kroppen er en bolig, hvori ånd og sjæl dvæler. Menneskets sande hersker er ånden, og det er Gud selv, som kontrollerer den. Vi bør derfor elske Gud mere end noget andet, når vi forstår, at kun Gud kan give os det sande liv, evigheden og himlen.

Jeg stod tidligere foran dødens port, fordi jeg led af en lang række uhelbredelige sygdomme gennem syv år. Jeg blev helbredt på mirakuløs vis, da jeg mødte den levende Gud. Fra da af har jeg elsket ham mere end noget andet, og han har givet mig utallige velsignelser.

Frem for alt er jeg blevet tilgivet mine synder, jeg er blevet frelst og får evigt liv. Desuden er det gået mig godt, jeg har godt helbredt, og min sjæl trives. Gud har kaldet mig til at være hans tjener for at gennemføre verdensmissionen og har givet mig kraft.

Han har åbenbaret ting for mig, som vil ske i fremtiden. Han har også sendt mig mange gode pastorer og trofaste medarbejdere til kirken, og ladet kirken vokse eksponentielt, sådan at jeg har mulighed for at opnå Guds forsyn.

Samtidig har han velsignet mig til at være elsket af både kirkens medlemmer og folk, som ikke tror. Han har ført min familie til at elske ham mere end noget eller nogen, og har beskyttet dem fuldstændig fra alle slags sygdomme og ulykker efter at de har taget imod Herren; ingen af den har nogensinde taget medicin eller været indlagt på hospitalet. Således har Herren velsignet mig i så høj grad, at jeg ikke mangler noget som helst.

At fuldbyrde den spirituelle kærlighed

Hvis man elsker Gud mere end noget andet, lever man i overflod, fordi han vejleder under alle forhold og den sande lykke kommer fra oven og fylder hjertet til overflod.

Som resultat deler man den overstrømmende kærlighed med andre, og man er fyldt af spirituel kærlighed. Man kan elske alle mennesker med evig, uforanderlig kærlighed, for der er slet ikke noget ondt i sindet.

Spirituel kærlighed forklares detaljeret i Første Korintherbrev 13:4-7:

> *"Kærligheden er tålmodig, kærligheden er mild, den misunder ikke, kærligheden praler ikke, bilder sig ikke noget ind. Den gør intet usømmeligt, søger ikke set eget, hidser sig ikke op, bærer ikke nag. Den finder ikke sin glæde i uretten, men glæder sig ved sandheden. Den tåler alt, tror alt, håber alt, udholder alt."*

I dag er der konflikter og stridigheder i verden, og skænderier meller mand og kone eller mellem familiemedlemmer i mange hjem, for der er ingen spirituel kærlighed mellem dem. Der er altid sammenstød, og de kan ikke skabe og opretholde et kærligt og fredeligt hjem, for alle hævder kun selv at have ret, og ønsker kun at blive elsket.

Men når mennesker begynde at elske Gud frem for alt andet, opnår de spirituel kærlighed ved at skille sig af med kødelig kærlighed. Kødelig kærlighed er foranderlig og selvtilfredsstillende, mens spirituel kærlighed sætter andre først med et ydmygt sind, og søger andres vinding før ens egen. Hvis man har spirituel kærlighed, vil ens hjem helt sikkert være fyldt med lykke og harmoni.

Det sker ofte, at man bliver forfulgt af familiemedlemmer eller venner, som ikke er troende, når man begynder at elske Gud (Markusevangeliet 10:29-30). Men det varer som regel ikke længe. Hvis sjælen trives, og man når det fjerde trosniveau, vil forfølgelsen forandres til velsignelser, og forfølgerne vil elske og anerkende den troende.

Andet Korintherbrev 11:23-28 beskriver de alvorligt forfølgelser af apostelen Paulus, mens han prædikede Herrens budskab. Han arbejdede hårdere for Herren end nogen anden, blev sat i fængsel ofte, blev slået brutalt og stod overfor døden gang på gang. Men Paulus var taknemmelig og glad i stedet for at føle sig fortvivlet.

Hvis man når det fjerde trosniveau, hvor man elsker Gud frem for alt, selv når man går i mørkets dal, vil forfølgelserne snart forandre sig til velsignelser, og ethvert sted vil virke som himlen, for Gud vil være med disse mennesker.

I Matthæusevangeliet 5:11-12 fortæller Jesus os følgende: *"Salige er I, når man på grund af mig håner jer og forfølger jer og lyver jer alt muligt ondt på. Fryd jer og glæd jer, for jeres løn er stor i himlene; således har man også forfulgt profeterne før jer."*

Man må forstå, at selv prøvelser og problemer kommer, fordi man følger Herren. Når man glæder sig og er taknemmelig, vil man ikke alene modtage Guds kærlighed, anerkendelse og belønning i himlen, men også få hundreddobbelt igen i denne verden.

Helligåndens frugt og saligprisningerne

Når man når det fjerde trosniveau, vil man til overflod bære Helligåndens ni frugter, og saligprisningerne begynder at komme til en. Galaterbrevet 5:22-23 fortæller os om Helligåndens ni frugter: *"Men Åndens frugt er kærlighed, glæde, fred, tålmodighed, venlighed, godhed, trofasthed, mildhed og selvbeherskelse. Alt dette er loven ikke imod!"*

Helligåndens frugt er Jesu Kristi kærlighed, som giver vand til fjenden, når han tørster, og giver ham mad, når han er sulten. Når man bærer glædens frugt, kommer også fred og lykke, fordi man kun søger og skaber godhed og skønhed. Man er også i fred med alle mennesker i hellighed, når man bærer fredens frugt.

Man beder konstant i taknemmelighed og glæde med tålmodighedens frugt, selv om man møder lidelser og prøvelser. Med venlighedens frugt tilgiver man utilgivelige ting og mennesker, forstår ting, som ikke kan forstås, og tager sig af andre sådan at de må få mere fremgang end en selv. Med godhedens frugt skiller man sig af med alle former for ondt og søger efter smuk godhed uden hverken at negligere eller såre andre menneskers følelser.

Med trofasthedens frugt adlyder man fuldt ud Guds ord og er trofast overfor Herren i den grad at man vil opgive livet, fordi man længes efter livets krone. Med mildhedens frugt der er blød som bomuld, vender man venstre kind til, når nogen slår på den højre, og man tager imod alle med kærlighed og medlidenhed.

Endelig vil man med selvkontrollens frugt følge Guds befaling uden stædighed eller forudindtagethed, og opfylde Guds vilje på en smuk og harmonisk måde.

Desuden vil man se, at saligprisningerne, som er uforgængelige, uforanderlige og evige, hvilket beskrives i Matthæusevangeliet 5, også begynder at komme over en.

Når man bærer Helligåndens frugt i overflod, og saligprisningerne begynder at komme på denne måde, er man meget tæt på det femte niveau af tro, hvor man vil blive ført ind på fremgangens vej, og hurtigt vil modtage ting, som man kun lige har nået at tænke.

For at nå bjergtinden må man klatre op ad bjerget et skridt af gangen. På toppen føler man sig forfrisket og glad, selv om rejsen har været slidsom. Bønder arbejder hårdt i håb om at høste i overflod, for de tror på, at de er i stand til at høste i proportion med deres arbejde. På samme måde kan vi høste de velsignelser, som Gud lover os i Biblen, når vi lever i sandheden.

Må du opnå tro til at elske Gud frem for alt andet ved at skille sig af med synder gennem flittig kamp mod dem og ved at leve efter Guds vilje, det beder jeg om i vor Herres navn!

Kapitel 8

Tro til at behage Gud

1
Femte niveau af tro
2
Tro til at ofre sit liv
3
Tro til at manifestere undere og tegn
4
At være betroet i hele Guds hus

Mine kære, hvis vort hjerte ikke fordømmer os,
har vi frimodighed overfor Gud,
og hvad vi beder om, får vi af ham,
fordi vi holder hans bud
og gør det, som behager ham.
(Første Johannesbrev 3:21-22)

Forældre bliver fyldt med glæde og stolthed over deres børn, når de adlyder, respekterer og elsker deres forældre af hjertets grund. Forældrene giver ikke kun disse børn det, som de beder om, men forsøger også at give dem det, som de endnu ikke ved, at de ønsker sig, ved at undersøge børnenes behov.

Når man adlyder og behager Gud, vil man på samme måde få ikke alene det, som man ønsker sig, man også det, som man endnu ikke ved, at man ønsker, for Gud finder behag i personens tro og elsker vedkommende. Der er intet, der er umuligt, når man har en sådan relation med ham.

Lad os nu dykke ned i troen, som behager Gud, og måden, hvorpå vi kan opnå den.

1. Femte niveau af tro

Troen til at behage Gud er større end troen til at elske Gud frem for alt andet. Så hvad er troen til at behage ham? Omring os kan vi se børn, som virkelig elsker deres forældre, og som adlyder forældrene vilje, fordi de forstår forældrenes hjerte. Man kan kun forstå den tro, der behager Gud, når man forstå den dimension af kærlighed, hvormed man kan behage sine forældre.

Hvilken slags kærlighed behager Gud?

I de koreanske fabler er der pligtopfyldende sønner, døtre og svigerdøtre, hvis kærlige handlinger behager deres forældre og endda bevæger himlen. For eksempel er der en historie om en søn, der passer sig gamle mor, som ligger syg i sengen. Han gør alt, hvad han kan, for at moderen skal blive rask, men forgæves.

En dag hører sønnen, at hans gamle syge mor vil blive rask, hvis hun drikker blod fra hans finger. Sønnen skærer sig beredvilligt i fingeren og lader hende drikke hans blod. Og snart efter kommer moderen sig. Der er naturligvis ikke noget medicinsk bevis for, at menneskeblod kan helbrede en syg person. Men hans offerkærlighed og oprigtighed bevægede Gud, der gav ham nåde, ligesom der står i et koreansk ordsprog: "Oprigtighed bevæger himlen."

Der er også en anden bevægende historie om en søn, som tager sig af sine syge forældre. Han tager op i bjergene midt om vinteren, og pløjer sig vej gennem sneen, som ligger i knædybe dynger, for at finde sjældne, mystiske urter og frugter, som siges at være gode for hans syge forældre.

Og endnu en historie fortæller om en mand og hans kone, som trofast tager sig af deres gamle forældre og giver dem god mad hver dag, selv om både de og deres børn ofte sulter.

Men hvad med folk i vores tid? Der er nogen, som gemmer den lækre mad og giver den til deres børn, men giver deres forældre sparsomme måltider, endog med stor modvilje. Man kan ikke sige, at der er tale om oprigtig kærlighed, hvis man kun udøser sin kærlighed over sine børn, men glemmer sine egne forældres nåde og kærlighed. De mennesker, som virkelig elsker deres forældre, vil give dem god mad, og endda forsøge at skjule det, hvis deres børn sulter. Kunne du mon ofre dig for dine forældre på denne måde?

Vi bør derfor kende den åbenlyse forskel mellem lydig kærlighed med glæde og taknemmelighed, og den kærlighed, der behager forældre. Det var ikke let at finde børn med en kærlighed, der behagede forældrene førhen, og det er blevet endnu vanskeligere i dag, for nu er verden fuld af synd og ondskab.

Det er tilsvarende med forældrenes kærlighed, som siges at være den mest sublime og smukkeste. Min egen mor, som elsker mig meget højt, sagde engang til mig mens hun græd bitterligt: "Dø, sådan kan du gøre din pligt som min søn." Jeg var syg i flere år, og der var ikke noget håb om bedring.

Men hvordan viste kærlighedens Gud sin kærlighed til os? Han gav os sin enbårne søn og lod ham dø på korset for at åbne vejen til frelse og til himlen, og ikke alene det: Han giver os også sin evige kærlighed.

Siden jeg mødte Gud har jeg altid følt og indset hans overvældende kærlighed, og jeg kunne forstå hans kærlighed af hjertets grund, hvilket gjorde, at jeg hurtigt voksede i troen og opnåede det fulde mål af tro. Jeg begyndte at elske ham frem for alt samt at have en tro, som behagede Gud.

At have tro, som behager Gud

I Salmernes Bog 37:4 lover Gud os følgende: *"Find din glæde i Herren, så giver han dig, hvad dit hjerte ønsker."* Hvis man behager Gud, vil han ikke alene give det, man beder om, men også det, man ønsker i sit hjerte.

Da jeg var ved at åbne kirken, havde jeg kun omkring 10 US Dollars (godt 50 kr.). Men Gud velsignede mig til at leje en bygning på godt 80 kvadratmeter til at starte kirken, da jeg bad med tro. Gud gav mig også kirkevækkelse og velsignelser i stort mål, for jeg bad med en stor vision og drøm for verdensmissionen lige fra begyndelsen.

Alt er muligt, når man har en tro, som behager Gud, for som Jesus siger til os i Markusevangeliet 9:23: *"Hvis du kan! Alt er muligt for den, der tror."* Som der står i Femte Mosebog 28, vil man blive velsignet, når man kommer hjem og når man går ud; man vil låne ud til mange, men vil ikke låne af nogen, og Herren vil gøre en til Hoved. De tegn, der vil følge en sådan tro, angives desuden i Markusevangeliet 16.

Jesus lover os også utænkelige velsignelser i Johannesevangeliet 14:12-13. Lad os se nærmere på disse vers for at se, hvilke velsignelser, der vil komme til den, der behager Gud med sin tro:

> *"Sandelig, sandelig siger jeg jer: Den, der tror på mig, han skal gøre de gerninger, jeg gør, ja, større gerninger end dem, for jeg går til Faderen; og hvad I end beder om i mit navn, det vil jeg gøre, for at Faderen må blive herliggjort i Sønnen."*

Velsignelserne som blev givet til Enok

I Bibelen ser vi mange forfædre i troen, som behagede Gud med deres tro. Mellem dem var Enok, om nævnes i Hebræerbrevet 11. Hvordan behagede han Gud, og hvilke velsignelser fik han?

> *"I tro blev Enok taget bort, for at han ikke skulle se døden, og han var der ikke mere, for Gud havde taget ham bort; for det er bevidnet, at før han blev taget bort, havde han behaget Gud. Men uden tro er det umuligt at behage ham; for den, som kommer til Gud, må tro, at han er til, og lønner dem, som søger ham"* (vers 5-6).

I Første Mosebog 5:21-24 portrætteres Enok som et menneske, der behagede Gud, for han blev gjort hellig i en alder af 65, og var betroet i Guds hus. Enok gik med Gud i 300 år, og delte sin kærlighed med ham, for han så ikke døden idet Gud tog ham væk. Han blev velsignet i så stor overflod, at han nu opholder sig ved siden af Guds trone, hvor han deler den ypperste kærlighed med ham.

Det er muligt på samme måde at blive taget væk til himlen uden at se døden, hvis man besidder en tro, som behager Gud. Profeten Elias så heller ikke døden, men blev taget til himlen, for han vidnede om den levende Gud og frelste mange mennesker ved at vide dem forbløffende gerninger med den kraft, han fik på grund af sin tro.

Tror du på, at Gud er til, og at han belønner dem, som søger ham? Hvis du har en sådan tro, vil du blive helliggjort og opgive selv livet for at udføre din gudgivne pligt.

2. Tro til at ofre sit liv

Jesus befaler os i Matthæusevangeliet 22:37-40 følgende:

> *"'Du skal elske Herren din Gud af hele dit hjerte og af hele din sjæl og af hele dit sind.' Det er det største og det første bud. Men der er et andet, som står lige med det: 'Du skal elske din næste som din selv.' På de to bud hviler hele loven og profeterne."*

Som Jesus siger, vil de mennesker, som elsker Gud, ikke kun behage ham ved at elske Gud af hele deres hjerte, sjæl og sind, men også ved at elske deres naboer som sig selv. Man kan kalde denne tro for "Kristi tro" eller "fuldstændig spirituel tro", for troen er fast nok til at man kan opgivet livet for Jesus Kristus.

Tro til at ofre livet for Guds vilje

Jesus adlød fuldstændig Guds behagelige vilje. Han blev korsfæstet og blev genopstandelsens første frugt, og nu sidder han ved Guds trone, alt sammen fordi han havde tro til at ofre selv sit liv i fuldstændig lydighed. Derfor siger Gud følgende om Jesus: *"Det er min elskede søn, i ham har jeg fundet velbehag"* (Matthæusevangeliet 3:17, 17:5) og *"Se min tjener, ham har jeg udvalgt, min elskede, i ham har jeg fundet velbehag"* (Matthæusevangeliet 12:18).

Gennem kirkens historie har der været mange forfædre i troen, som har ofret livet ligesom Jesus for at udføre Guds behagelige vilje. Ud over Peter, Jacob, og Johannes, som fulgte

Jesus hele tiden, opgav også mange af de andre deres liv for Jesus Kristus uden at tøve eller have forbehold. Peter døde ved korsfæstelse med hovedet nedad; Jakob blev halshugget; og Johannes blev putte i kogende olie, men døde ikke af den grund, og han blev bortvist til øen Patmos.

Mange kristne døde i Colosseum i Rom som bytte for løverne, mens de priste Gud. Mange andre holdt fast på deres tro ved at leve hele deres liv i katakomberne uden nogen sinde at se dagens lys. Gud var tilfreds med deres tro, for de levede, som skriften befalede: *"For når vi lever, lever vi for Herren, og når vi dør, dør vi for Herren. Hvad enten vi altså lever eller dør, tilhører vi Herren"* (Romerbrevet 14:8).

I 1992 begyndte jeg at bløde fra næsen på grund af overbelastning og mangel på søvn og hvile. Det virkede som om, at næsten alt mit blod løb ud af kroppen. Som resultat af dette kom jeg hurtigt i en kritisk tilstand. Jeg mistede gradvist bevidstheden, og nåede til sidst dødens tærskel.

På dette tidspunkt følte jeg, at jeg snart ville være i Jesu arme, men jeg havde ingen intention om at forsøge medicinsk behandling. Jeg overvejede overhovedet ikke at tale med en læge om næseblødningen. Jeg tog hverken på hospitalet eller forsøgte med anden verdslig behandling, selv om jeg gik døden i møde, for jeg havde tiltro til den almægtige Gud min Fader. Hverken min familie og kirkens medlemmer tilskyndede mig til at tage på hospitalet. De kendte mig godt nok til at vide, at jeg altid overlod mit liv i Guds hænder, og ikke til verden eller andre mennesker.

Selv da jeg mistede bevidstheden på grund af den voldsomme

blødning, takkede min ånd Gud, fordi jeg snart ville være i Jesu arme og finde den evige hvile. Mit eneste ønske var at møde Herre Jesus.

Men Gud viste mig i en vision hvad der ville ske med kirken efter min død. Nogle mennesker ville forblive i kirken og holde fast ved deres tro, men mange andre mennesker ville vende tilbage til verden, lægge afstand til Gud og synde mod ham.

Da jeg så dette, var jeg ikke i stand til at finde hvile i Jesu arme. I stedet bad jeg oprigtigt Gud om at styrke mig, for jeg følte den dybeste sorg for dem, som gik tilbage til verden. Med Guds hjælp blev jeg dermed helbredt og satte mig op i sengen, selv om jeg havde været døden nær og stadig var bleg som sne.

Da jeg genvandt bevidstheden, så jeg mange af kirkens medlemmer fælde tårer af glæde. Hvordan kunne de undgå at blive rørt over at opleve Guds forbløffende og kraftfulde gerning, hvormed en død blev genoplivet?

Gud er således tilfreds med dem, som viser deres tro i sådan grad, at de vil opgive deres liv, og han giver dem hurtige svar. På grund af martyrerne i de tidlige kirker, spredte budskabet sig hastigt til hele verden. Selv i Korea hjalp martyrernes blod med at udsprede budskabet hurtigere.

Tro til at adlyde hele Guds vilje

I Første Thessalonikerbrev 5:23 står der: *"Fredens Gud hellige jer helt og holdent og bevare fuldt ud jeres ånd og sjæl og legeme lydefri ved vor Herre Jesu Kristi komme."* Den "fuldstændige ånd" henviser her til et stadie, hvor man fuldstændig har opnået Jesu Kristi hjerte.

Et fuldstændig åndeligt menneske er en person, som kun lever ved Guds vilje, for han kan altid høre Helligåndens stemme, og hans hjerte bliver sandheden selv ved fuldt ud at indse Guds ord. Man kan blive et åndeligt menneske og opnå Jesu indstilling, når man er blevet fuldstændig hellig ved at skille sig af med enhver form for ondt, og kæmpe mod enhver synd, som man opdager i sig.

Når et spirituelt menneske udruster sig med Guds ord, vil sandheden fuldstændig vogte ikke kun hjertet, men også hele tilværelsen.

Man kan kalde denne form for tro for "Fuldstændig tro" eller "Jesu Kristi perfekte spirituelle tro." Man vil være i stand til at opnå denne type tro, når man har et oprigtigt hjertet, som det beskrives i Hebræerbrevet 10:22: *"Lad os derfor træde frem med et oprigtigt hjerte, i en fast tro og bestænket på hjertet, så vi er befriet for ond samvittighed, og med legemet badet i rent vand."*

Men selv om man er i stand til at have Jesu indstilling og tro, betyder det ikke, at man vil være Jesu Kristi lige. Lad os forestille os en søn, som respektere sin far i høj grad, og forsøger at ligne faderen. Han vil måske ligne faderen med hensyn til karakter og personlighed, men kan dog aldrig blive sin far.

På samme måde kan man aldrig blive som Jesus Kristus. Han etablerede en spirituel orden i Matthæusevangeliet 10:24-25: *"En discipel står ikke over sin mester, og en tjener ikke over sin herre. Det må være nok for en discipel, når det går ham som hans mester, og for en tjener, at det går ham som hans herre."*

Og hvad med forholdet mellem Moses, som ledte israelitterne ud af Egypten, og Josva, som efterfulgte Moses og førte sit folk ind i Kanaan? Moses delte Rødehavet og fik vandet til at springe af klippen, men Josva udførte mirakler mindst ligeså store: Han standsede vandets løb i Jordan, fik Jeriko til at kollapse, og fik solen og månen til at stå stille i næsten en hel dag. Ikke desto mindre stod Josva ikke over Moses, som havde talt med Gud ansigt til ansigt.

I denne verden kan en elev står over sin lærer, men det er umuligt i det spirituelle rige. Det spirituelle rige er kun begribeligt ved Guds hjælp, og ikke gennem bøger eller verdslig viden. Derfor kan den, som er blevet spirituelt disciplineret af en åndelig vejleder, ikke komme til at stå over denne lærer, som indser og gør ting med Guds nåde.

I Bibelen står der, at Elisa modtog en dobbelt portion af Elias ånd, og udførte flere mirakler, men var mindre end Elias, som var blevet løftet levende op til himlen. Under kirkens tidligste dage udførte Thimotheus mange ting for Herre Jesus, men kunne ikke stå over sin lærer, apostelen Paulus.

Der er ingen grænser for det spirituelle rige, så ingen kan for alvor fatte dets dybde. Derfor kan man kun kende til det gennem Guds lære, og ikke gennem egne studier. Det kan sammenlignes med, at man ikke ved, hvor dybt havet er, eller hvilken slags planter og dyr, der lever på bunden af det. Men hvis man dykkede ned i havet, ville man kunne se mange farverige fisk og planter. Desuden ville man have mulighed for at undersøge havets mysterier så meget, som man havde lyst til. På samme måde vil man lære mere om det spirituelle rige, jo dybere man trænger ind i det.

Gud underviser mig, og lader mig forstå det spirituelle rige, sådan at jeg kan nå et dybere niveau af spiritualitet. Han har også ladet mig opleve det spirituelle rige direkte. Han vejleder mig og underviser mig om troens mål i detaljer, og bruger mig på denne måde til at føre flere mennesker til at nå et dybere niveau af det spirituelle rige. Med denne viden bør man undersøge sig selv omhyggeligt og forsøge at opnå en mere moden tro.

3. Tro til at manifestere undere og tegn

Hvis man har perfekt tro, at sandheden fuldt ud har taget bolig i hjertet, vil man stable bønner sammen, mens man forsøger at leve i overensstemmelse med Guds behagelige vilje. Man bør modtage kraft for at frelse så mange sjæle som muligt, for hver af dem er mere dyrebar for Gud end universet.

Hvorfor blev Jesus korsfæstet? Han ønskede at frelse de fortabte sjæle, som vandrede på syndens sti, og gøre dem til Guds børn.

Hvorfor sagde Jesus: "Jeg tørster", mens han hang på korset og blødte i timevis under den skoldende sol? Jesus var ikke ude efter at slukke sin fysiske tørst med denne bemærkning. I stedet ønskede han at lindre sin spirituelle tørst ved at indløse skylden med sit blod. Det var en oprigtig appel til os om at frelse de fortabte sjæle og føre dem til Jesu arme.

At frelse mange mennesker med kraft

Når man når det femte niveau af tro, hvor man behager Gud,

så tænker man oprigtigt: "Hvordan kan jeg føre mange mennesker ind i Faderens arme? Hvordan kan jeg øge Guds rige og retfærdighed?" Og man gør rent faktisk sit bedste for at opnå dette. Man forsøger at behage Gud ved at udføre forskellige pligter ved siden af at man til fulde opfylder de pligter, som man er blevet betroet af Gud.

Men et så hengivent individ er ikke i stand til at behage Gud uden at modtage kraft, som vi bliver mindet om i Første Korintherbrev 4:20: *"For Guds rige afhænger ikke af ord, men af kraft."*

Hvordan kan man modtage kraft til at føre mange mennesker på frelsens vej? Den slags kraft modtager man kun ved uophørlig bøn. Det at frelse sjæle, opnås ikke ved menneskets snak, viden, erfaring, rygte eller autoritet, men kun med den kraft, der er givet af Gud.

De personer, som er på troens femte niveau, må derfor fortsætte med at bede indtrængende for at modtage kraft til at frelse så mange sjæle som muligt.

Guds rige afhænger af kraft

Jeg mødte engang en pastor, som ikke alene havde et mildt hjerte, men også forsøgte at udføre sin pligt og bad om at leve ved Guds ord, men han bar ikke den frugt, han havde håbet. Hvad var grunden til det? Hvis han virkelig havde elsker Gud, skulle han have overgivet hele sit sind, sin vilje, sit liv og endda sin visdom til Gud, men det havde han ikke gjort. Han burde have indset, at han stadig selv var mester i sit liv i stedet for at lade sig føre af Gud.

Gud kunne ikke arbejde for ham, for pastoren overlod ikke alt til Gud, mens han selv gjorde sin pligt, men lod sig lede af sin egen viden og tænkning. Han var derfor ikke i stand til at manifastere de af Guds gerninger, som ligger ud over menneskets evne, selv om han så resultatet af sine anstrengelser.

Man bør derfor bede, høre Helligåndens stemme og lade sig vejlede af Helligånden, i stedet for at sætter sin lid til menneskelig tænkning, viden eller erfaring, når man udføre Guds arbejde. Først når man bliver et sandt menneske, og fuldt ud vejledes af Helligånden, vil man opleve at mirakuløse gerninger manifesteres med hans kraft fra oven.

Men hvis man sætter sin lid til menneskelig tænkning og teori, selv om man tror, at man kender Guds ord, beder og gør sit bedste for at udføre sin pligt, så vil Gud ikke hjælpe, for en sådan indstilling er arrogant i Guds øjne. Man må derfor grundigt skille sig af med den syndefulde natur, bede brændende om at blive et fuldstændigt spirituelt menneske, og bede om Guds kraft. Så forstår man, hvorfor apostelen Paulus sagde: "Hver dag dør jeg."

Hvis man beder med Helligåndens inspiration

Enhver, som tager imod Herre Jesus bør bede, for bønnen er det spirituelle åndedræt. Men bønnens indhold er forskellig på troens forskellige niveauer. På første og andet niveau af troen beder man hovedsageligt for sig selv, men det kan være svært at bede i bare ti minutter, for der er ikke mange ting at bede for. Desuden beder man ikke i tro af hjertets grund, selv om man beder for Guds rige og retfærdighed.

Hvis man kommer ind på tredje trosniveau, vil man være i

stand til at bede for Guds rige og retfærdighed, udover at bede om ting for sig selv.

Og hvordan vil man bede, når man er kommet ind på fjerde niveau? På dette niveau beder man kun for Guds rige og retfærdighed, for man har fuldstændig skilt sig af med både syndefulde handlinger og syndefulde ønsker.

Man har ikke behov for at bede om at skille sig af med synder, for man lever allerede efter Guds ord. Man beder Gud om andre ting udover ens egen familie og en selv: Folks frelse, forøgelse af Guds rige og retfærdighed, hans kirke, kirkens medarbejdere, og alle brødre og søstre i troen. Man beder konstant, for man er klar over, at man ikke kan frelse så meget som en eneste sjæl uden at modtage Guds kraft fra oven. Man beder også brændende af hele sit hjerte, sind, sjæl og styrke for Guds rige og retfærdighed.

Hvis man når troens femte niveau, foretager man bønner, som behager Gud og bønner i taknemmelighed, som bevæger Gud på hans trone.

På troens tidlige stadier tager det lang tid at bede med Helligåndens fylde, men på femte niveau føler man, at bønnen stiger op til himlen med Helligåndens inspiration i samme øjeblik, som man knæler for at bede.

Det er hårdt at bede om at skille sig af med sin synd. Men det er ikke svært at bede med tro om at modtage Guds kraft til at frelse mange sjæle og til at behage Gud, for man beder med brændende kærlighed til Herren.

At vise mirakuløse tegn og undere

Mange mirakuløse tegn og undere vil blive manifesteret

gennem en person, der bliver ved med at bede flittigt med brændende kærlighed om at modtage Gud kraft. Dermed bekræftes det, at dette menneskes tro behager Gud.

Jesus udførte mange mirakuløse tegn og undere gennem sit virke, og han sagde som optegnet i Johannesevangeliet 4:48: *"Hvis I ikke får tegn og undere at se, tror I ikke."* Jesus kunne nemt lede folk til at tro på Gud ved at vidne om en levende Gud, når han viste dem mirakuløse tegn og undere.

Nu om dage vælger Gud også passende personer og lader dem udføre tegn og underen, og endda endnu større ting end Jesus gjorde (Johannesevangeliet 14:12). Alene i min kirke er der blevet manifesteret utallige tegn og undere.

Lad os nu undersøge de tegn og undere, som manifesteres gennem mennesker, der har en tro, som behager Gud. Når Guds kraft, som ligger ud over menneskets evne, udøves og udvises, kalder vi det "et tegn." Det er for eksempel at en blind begynder at se, en stum begynder at tale, en døv begynder at høre, en krøbling begynder at gå, et forkortet ben bliver forlænget, en bøjet ryg bliver lige, og børnelammelse eller cerebral parese helbredes.

I Markusevangeliet 16:17-18 siger Jesus følgende om tegn:

> *"Og disse tegn skal følge dem, der tror: I mit navn skal de uddrive dæmoner, de skal tale med nye tunger, og de skal tage på slanger med deres hænder, og drikker de dødbringende gift, skal den ikke skade dem; de skal lægge hænderne på syge, så de bliver raske."*

"Dem, som tror" henviser her til de mennesker, der har tro som fædre. De tegn, der følger "dem, som tror" kan inddeles i fem kategorier, som jeg vil beskrive nærmere i næste kapitel.

For det andet findes der "undere", som er en af Guds mange gerninger, der lader os ændre vejret, f.eks. at bevæge skyerne, starte eller stoppe regnen, flytte himmellegemer og lignende.

Ifølge Bibelen sendte Gud torden og regn, da Samuel bad (Første Samuelsbog 12:18). Da profeten Esajas råbte til Gud, lod han *"skyggen gå de ti skridt tilbage"* (Anden Kongebog 20:11). Og Elias *"bad en bøn om, at det ikke måtte regne, og det regnede ikke i landet i tre år og seks måneder; og han bad igen, og himlen gav regn"* (Jakobsbrevet 5:17-18).

Kærlighedens Gud leder folk på frelsens vej ved at vise dem håndgribelige mirakuløse tegn og undere gennem de mennesker, han vurdere som passende. Man bør derfor have fast tro på Guds ord, som de står skrevet i Bibelen, og forsøge at opnå en tro, der behager Gud.

4. At være betroet i hele Guds hus

Mennesker på første eller andet niveau af troen er i stand til midlertidigt at komme ind på femte trosniveau. Det skyldes, at når de i starten modtager Helligånden, bliver de så opfyldt af den, at de ikke engang frygter døden, men bliver fulde af taknemmelighed, beder flittigt, forkynder budskabet og deltager i alle kirkens møder. De modtager hvad som helst, de beder om, for de er på fjerde eller femte niveau af troen, selv om deres oplevelse er kortvarig. Når de mister Helligåndens fylde, vil de hurtigt vende tilbage til deres eget trosniveau.

Men mennesker på femte trosniveau ændrer sig ikke. De er altid fyldt af Helligånden, og de kan fuldt ud kontrollere og håndtere deres sind, og lever ikke som mennesker på første eller andet trosniveau. Desuden behager de Gud ved at være betroede i hele hans hus.

Fjerde Mosebog 12:3 fortæller os følgende om Moses: *"Men manden Moses var mere sagtmodig end noget andet menneske på jorden,"* og vers 7 tilføjer *"min tjener Moses, han er den betroede i hele mit hus."* Dermed ved vi, at Moses var på femte trosniveau, hvor han kunne behage Gud.

Hvad betyder det at være "betroet i hele Guds hus"? Hvorfor anerkender Gud kun dem, der er betroede i hele hans hus såsom Moses, som mennesker der har en tro, der behager Gud?

Betydningen af at være betroet i hele Guds hus

Den, som er "betroet i hele Guds hus" har Kristi tro eller "fuldstændig spirituel tro"; vedkommende gør alt med samme indstilling som Jesus Kristus. Han gør alt med Kristi hjerte og åndens hjerte uden at sætte sin lid til tænkning eller til sindet.

Da han har opnået godhedens sind, Kristi sind, beklager han sig ikke, og han hverken sønderbryder det knækkede rør eller slukker den osende væge (Matthæusevangeliet 12:19-20). Et sådant menneske har korsfæstet sin syndefulde natur sammen med dens passioner og lyster, så han kan være trofast overfor alle sine pligter.

Der er ikke noget "selv" tilbage i ham, men kun Kristi hjerte – hjertet af ånd – for han har skilt sig af med alle kødelige ting.

Han er ligeglad med verdslig ære, magt og velstand.

I stedet er hans hjerte gennemtrængt af håb for evige spørgsmål: Hvordan han vil være i stand til at opfylde Guds rige og retfærdighed, mens han lever i denne verden; hvordan han kan blive en vigtig person i himlen og blive elsket af Gud Fader; og hvordan han kan leve lykkeligt til evig tid ved at oplagre belønninger i himlen. Som følge af dette vil han være trofast med alle sine pligter, for et alvorligt og oprigtigt ønske om at opfylde Guds rige og retfærdighed udgår fra hans hjertes grund.

Der er forskellige mål af hengivenhed blandt de mennesker, som opfylder Guds rige og retfærdighed. Hvis man kun udfører de pligter, som man bliver pålagt, er det kun en opfyldelse af ens personlige ansvar.

Hvis man for eksempel ansætter en mand, giver ham løn, og han udfører det arbejde, som han blev ansat til at gøre, så siger vi ikke, at han var "betroet i hele huset", selv om han har gjort et godt arbejde. At være "betroet i hele huset" vil sige, at personen ikke alene udfører de pålagte opgaver godt, men at han også gør langt mere uden at tilbageholde sine materielle goder. Desuden gør han det med en oprigtighed, som går langt ud over det at udføre en pålagt opgave.

Man kan derfor ikke blive anerkendt som et menneske, der er "betroet i hele Guds hus", selv om man har skilt sig af med synderne ved at kæmpe mod dem, så det koster blod og med stor kærlighed til Gud, og selv om man har opfyldt sin pligt med helligt hjerte. Man kan først blive anerkendt som "betroet i Guds hus", når man er fuldt ud hellig og fuldfører sine pligter langt ud over sit ansvar med Kristi tro, som er lydig indtil døden.

At være betroet i hele Guds hus

Man er på fjerde trosniveau, når man elsker Jesus Kristus i allerhøjeste grad, og har den spirituelle tro, som beskrives i Første Korintherbrev 13, samt bærer Helligåndens frugter, som de bliver beskrevet i Galaterbrevet 5. Desuden vil man være i stand til at opnå en tro, som behager Gud, når man opfylder saligprisningerne i Matthæusevangeliet 5 og er betroet i hele Guds hus. Hvorfor er det sådan?

Der er forskel på den kærlighed, der er Helligåndens frugt, og den kærlighed, der defineres i Første Korintherbrev 13. I Første Korintherbrev 13 ser vi definitionen på spirituel kærlighed, men den kærlighed, der er Helligåndens frugt, henviser til uendelig kærlighed, som opfylder loven.

Den kærlighed, der er Helligåndens frugt, har derfor en større spændvidde end den, der beskrives i Første Korintherbrev 13. Jesus Kristus opfyldte loven med kærlighed, og når hans offer lægges til den kærlighed, der beskrives i Første Korintherbrev 13, kan det kaldes *"kærlighed som Helligåndens frugt."*

Glæde kommer fra oven med spirituel lykke og fred, fordi de kødelige ting inden i os forsvinder i takt med, at den spirituelle kærlighed modner i os. Det giver kun mening for os at blive fyldt med glæde, når vi i forvejen er fulde af gode ting, fordi vi kun ser, hører og tænker det gode.

På dette stadie hader man ikke nogen, for man har ikke noget had. Man bliver gennemtrængt af glæde, for man vil helst tjene andre, give dem gode ting og udføre ofre for dem. Selv om man lever i denne verden, vil man ikke søge kødelige ting i egeninteresse; i stedet bliver man fyldt med håb om himlen;

tænker på, hvordan man kan øge Guds rige og retfærdighed, og hvordan man kan behage ham ved at frelse endnu flere mennesker. Man vil leve i fred med sine naboer, for man har sand lykke og fred i sindet til at tage sig af dem i den grad glæden kommer over en.

Desuden vil man være tålmodig med håb om himlen i den grad, man er i fred med andre. Man kan vise venlighed overfor andre, for man kan være medfølende i samme grad som man er tålmodig. Man opnår godhed, fordi man ikke skændes eller råber, ikke sønderbryder det knækkede rør og ikke slukker den osende væge, når man har venlighed. Mennesker med godhed kan være betroede i spirituel henseende, for de har allerede skilt sig af med selviskhed.

Målet af betroethed er forskelligt bland de betroede mennesker, alt efter hvert individs hjerte. Jo mere mildhed en person har, jo højere mål af betroethed kan han opnå. Man kan se, at et menneske er mildt, hvis det er betroet i hele Guds hus. Dette menneske opfylder alle sine pliger trofast i hjemmet og på arbejdet, i relation til andre og i kirken. Moses, som var det mest sagtmodige menneske i verden, var betroet i forhold til enhver pligt, der blev pålagt ham.

Og hvordan kan man være perfekt uden selvkontrol? Man må være betroet i hele Guds hus med selvkontrol, for det er ikke muligt at være afbalanceret på ethvert område uden. Man vil således ikke være i stand til at være betroet i Guds hus uden selvkontrol, selv om man bærer de andre otte af Helligåndens frugter.

Lad os for eksempel sige, at du skal møde en ven et andet sted efter mødet i din cellegruppe. Det ville være meget uhøfligt overfor din ven, hvis du kom for sent eller ændrede tidspunktet over telefonen, ikke fordi mødet var gået over tiden, men fordi du var blevet efter mødet for at snakke med folk i gruppen. Hvordan kan man være betroet i hele Guds hus, hvis man ikke kan overholde et lille løfte eller overholde en forpligtelse som denne? Man må indse, at man først kan være betroet i hele Guds hus, når ens liv er i balance med selvkontrollens frugt.

Spirituel kærlighed, Åndens frugt og saligprisningerne

Saligprisningerne kommer over os i den udstrækning vi har spirituel kærlighed og Helligåndens frugt, og omsætter dem til praksis. Saligprisningerne henviser til ens karakter som kar, og man kan først være fuldstændig betroet i hele Guds hus, når saligprisningerne fuldt ud er kommet over en, ved at man udfører og lever det, som man har kultiveret i sit hjerte.

Gennem meget af den koreanske historie har de loyale rådgivere for kongerne håndteret statsanliggender, som om det var deres egne personlige problemer. På denne måde har disse rådgivere været i stand til at tjene kongerne og hjælpe dem med at træffe de rigtige beslutninger, selv om det til tider har betyder stor personlig lidelse eller endda døden. De har ikke alene elsket deres konger, men elsket hele landet som sig selv, og handlet derefter.

Disse loyale rådgivere har også tjent deres konger til det sidste, som om det har været med risiko for deres egne liv. Dog har nogle rådgivere kun tilsyneladende været loyale, og har trukket sig tilbage og levet afsondret, hvis kongen ikke har fulgt deres oprigtige og gentagne rådgivning og vejledning. Men de rådgivere, som i sandhed har været loyale, har ikke opført sig på denne måde. De har været loyale overfor kongen, selv om kongen har ignoreret dem og afvist deres råd. Deres konge har kunne afvise dem, afvise deres råd og vanære dem uden årsag. Men de har ikke båret nag overfor kongen, og har ikke ændret mening, selv om de har været ved at miste deres liv.

Karakteren som kar og hjertets karakter

For at forstå klart hvad det vil sige at være "betroet i hele Guds hus", må vi først undersøge karakteren som kar og hjertets karakter.

Størrelsen af ens kar er forskelligt fra person til person, alt efter i hvilken grad man kultivere sin hjerte til at være godt, eller hvor meget man ændrer sit hjerte til at være mildt. Karakteren som kar afhænger dermed af, om man gør, hvad man får besked på, og om man adlyder.

Hvad er det så, der gør en væsentlig forskel for ens karakter som kar? Det afhænger af hvordan og med hvilken slags hjerte man reagere på Guds ord, og i hvilken grad man udøver det, man fremelsker i sit hjerte. Den, som er at godt kar, gemmer Guds ord dybt i sit hjerte og grunder over dem, lige som Maria: *"Men Maria gemte alle disse ord i sit hjerte og grundede over dem"* (Lukasevangeliet 2:19).

Karakteren af hjertet afhænger af, om man åbner sit sind for at udføre sin pligt, og om man bruger sindet på kompetent vis. Lad os se på et eksempel på, hvordan folk reagerer forskelligt på samme situation. Jeg vil klassificere folks handlinger i fire kategorier afhængig af karakteren af deres hjerte.

Den første type gør langt mere end det, han får besked på. Hvis for eksempel forældre siger til deres barn, at han skal samle et stykke affald op fra gulvet, vil han ikke alene gøre dette, men også feje støvet væk, rydde op i rummet og tømme skraldespanden. Dette barn giver sine forældre mange glæder og stor tilfredsstillelse, for han gør mere, end de forventer. Og hvor vil han blive elsket højt af sine forældre! Diakonerne Stefan og Filip var sådanne mennesker. De var åbensindede mennesker, så de var i stand til at udføre store undere og mirakuløse tegn mellem folk ligesom apostlene (Apostlenes Gerninger 6).

Den anden type gør kun det, han får besked på. Hvis for eksempel et barn samler et stykke skrald op fra gulvet i overensstemmelse med sine forældre ordre, så vil han blive elsket af sine forældre, fordi han adlyder, men han behager dem ikke nødvendigvis.

Den tredje type gør ikke det, han burde gøre. Han er så kold og apatisk, at han bliver fornærmet, når han skal udføre en opgave. Mennesker, som hævder at elske Gud, men som hverken beder eller tager vare på Jesu får, tilhører denne gruppe. Jesus fortæller i en lignelse om en præst og en levit, som begge går forbi en mand, der er blevet overfaldet af røvere, og lader ham ligge halvdød. Præsten og levitten hører begge til denne gruppe (Lukasevangeliet 10). Da disse mennesker ikke har nogen kærlighed, gør de ofte det, som Gud hader, såsom at være arrogante, begå utroskab og bedrage Gud.

Den sidste type gør tingene værre ved ligefrem at forhindre, at opgaven bliver udført. Det ville have været bedre, om han slet ikke havde påbegyndt opgaven. Det kan for eksempel være et barn, som er vred over, at hans forældre han sagt, at han skal samle affald op fra gulvet, og derfor smadrer han en urtepotte.

Et gavmildt hjerte og at være betroet i hele Guds hus

Som jeg har forklaret med de fire kategorier af karakter, vil et individ have et stort kar, når han udfører din pligt udover det, der forventes af ham. Størrelsen af ens kar afhænger af, i hvor høj grad man åbner sindet med håb, og hvor oprigtigt man stræber. Det gælder både de ting, man gør i kirken, på arbejdet og i hjemmet.

Når en person, som får en opgave, adlyder med "amen", kan han siges at have et stort kar. Personen kan anerkendes for sit gavmilde hjerte, når han ikke alene adlyder det, han får besked på, men også gennemfører mere end det forventede med oprigtighed og åbent sind. På denne måde er det at være betroet i hele Guds hus relateret til målet af gavmildhed. Oprigtigheden variere ligeledes alt efter mængden af gavmildhed.

Lad os se nærmere på nogle mennesker, som har været betroede i hele Guds hus. I Fjerde Mosebog 12:7-8 indser man, hvor højt Gud elskede Moses, som var betroet i hele hans hus. Disse vers omhandler vigtigheden af at være betroet:

> "Sådan gør jeg ikke med min tjener Moses, han er den betroede i hele mit hus, med ham taler jeg ansigt til ansigt, ligefremt og ikke i gåder, han får Herrens skikkelse at se. Hvor vover I da at tale mod min tjener Moses?"

Moses havde ikke alene konstant kærlighed og et uforanderligt hjerte overfor Gud, men også den samme indstilling overfor han folk og familie, og han udførte sine pligter uden nogensinde at ændre mening. Han var altid i stand til at vælge Guds evige ting frem for ære og velstand, og han behagede Gud med sin tro. Han var så loyal, at han endda bad Gud om at frelse hans folk, selv om han selv risikerede at miste livet, når israelitterne syndede.

Hvordan reagerede Moses, da han kom tilbage med tavlerne med de Ti Bud fra Gud og så, at folket havde lavet en guldkalv og var begyndt at tilbede den, mens han havde fastet i fyrre dage? De fleste mennesker ville i den situation have sagt: "Nu kan jeg ikke holde dem ud længere, Gud! Gør med dem, hvad du vil!"

Men Moses bad oprigtigt Gud om at tilgive dem deres synder. Han var parat og villig til at ofre sit liv som en slags underordnet, fordi han elskede dem af hele sit hjerte.

Det var det samme med Abraham, troens forfader. Da Gud planlagde at ødelægge byerne Sodoma og Gomorra, tænkte Abraham ikke, at det ikke havde noget med ham at gøre. I stedet bad han Gud om at frelse folket i de to byer: *"Måske er de halvtreds retfærdige i byen. Vil du så virkelig udrydde dem og ikke tilgive stedet på grund af de halvtreds retfærdige, som er i den?"* (Første Mosebog 18:24).

Og så bad han Gud om nåde til ikke at ødelægge byerne, hvis bare der var femogfyrre retfærdige, og han blev ved med at bede om nåde, hvis der skulle være bare fyrre, tredve, femogtyve, tyve eller ti retfærdige. Til sidst fik Abraham det endelige svar fra Gud: *"For de tis skyld vil jeg lade være med at ødelægge den"*

(Første Mosebog 18:32). Men de to byer blev dog ødelagt, fordi der ikke engang var ti retfærdige mennesker at finde.

Desuden frafaldt Abraham retten til at vælge land til sin nevø Lot, da den jord, de levede af, ikke længere kunne brødføde dem begge, fordi de begge havde fået for mange besiddelser. Lot valgte dalen, som han syntes, så god ud, og tog afsted mod den.

Nogen tid senere blev Sodoma og Gomorra overvundet i krig, og mange mennesker blev taget til fange inklusiv Lot, Abrahams nevø. Med risiko for eget liv forfulgte Abraham fjenden med 318 mænd, reddede Lot, og andre tilfangetagne og tog deres ejendele tilbage.

Da hilste Kongen af Sodomo Abraham og sagde: *"Giv mig menneskene, og behold selv ejendelene"* (Første Mosebog 14:21). Men Abraham tog ikke noget fra plyndringerne, og sagde: *"Jeg vil ikke have noget af dit, ikke så meget som en tråd eller en sandalrem!"* (vers 23). Og han afleverede alle tingene til kongen af Sodoma (Første Mosebog 14:1-24).

Ligeledes havde Abraham en fast indstilling, når han samarbejdede eller mødtes med nogen: ikke at gøre skade og ikke at genere nogen. Han ikke alene trøstede folk og gav dem glæde og håb, men elskede og tjente dem oprigtigt.

Hvordan man kan blive betroet i hele Guds hus

Moses og Abraham var meget gavmilde mennesker, og de var oprigtigt, perfekte og sandfærdige uden at overse noget. Så hvad skal man gøre for at blive betroet i hele Guds hus?

For det første må man undersøge alt og holde fast i det gode uden at slukke Helligåndens ild eller vise foragt for profetierne.

Med andre ord må man kun se, høre og tænke omkring godhed, tale sandheden og kun tage til gode steder.

For det andet må man fornægte og ofre sig selv med spirituel kærlighed til Guds rige og retfærdighed. For at gøre det, må man korsfæste den syndefulde natur med dens passioner og lyster. Så vil man være i stand til at fastsætte, hvilke prioriteter der skal være i ens liv, og hvad der behager Gud, for man ønsker spirituelle ting og er ikke længere bundet til verden.

Man bør stræbe oprigtigt for at opnå tro til at elske Gud i allerhøjeste grad, for så kommer man hurtigt ind i den dimension, hvor man behager Gud ved at være betroet i hele hans hus.

At opnå en tro, som behager Gud, kan sammenlignes med at tage eksamen fra en videregående uddannelse. Når man har bestået, tager man ud i verden og anvender det, man har lært i skolen, for at få succes i verden.

På samme måde vil det dybere spirituelle rige åbne sig, når man når det fjerde trosniveau, og man vil se, at det spirituelle rige er uendeligt med hensyn til dybte, længde og højde.

Når man kommer ind på troens femte niveau, vil man i nogen grad begynde at forstå Guds dybe og gavmilde hjerte. Man vil være i stand til at forstå, hvor stor Guds kærlighed er, og i hvor høj grad han er fuld af kærlighed, nåde, tilgivelse, venlighed og godhed. Man vil også opleve hans store kærlighed, for man føler, at Herren går med en, og man bryder ud i gråd ved tanken om Herren.

Man bør derfor blive et menneske med stor gavmildhed og

megen lydighed, hengivenhed og kærlighed, og man bør vide, at der er stor forskel på fjerde og femte trosniveau med hensyn til spirituel kærlighed og offervilje. Jeg håber, at du må modtage alt fra Gud med den slags tro, som behager ham, og at du vil blive velsignet nok til at udvise og udføre undere og tegn med uophørligt bøn.

Må du nyde alle disse velsignelser, som Gud har beredt til dig, det beder jeg om i Jesu Kristi navn!

Kapitel 9

Tegn, der følger dem, der tror

1
At uddrive dæmoner
2
At tale i nye tunger
3
At tage på slanger med hænderne
4
Den dødbringende gift vil ikke skade
5
At helbrede syge ved at lægge hænderne på dem

Disse tegn skal følge
dem, der tror:
I mit navn skal de uddrive dæmoner,
de skal tale med nye tunger,
og de skal tage på slanger med deres hænder,
og drikker de dødbringende gift,
skal det ikke skade dem;
de skal lægge hænderne på de syge,
så de bliver raske.
(Markusevangeliet 16:17-18)

I Bibelen ser vi, at Jesus udfører mange tegn. Tegnene udføres med Guds kraft, og ligger ud over det, som mennesket er i stand til at gøre. Hvad var det første tegn, som Jesus udførte?

Det var at forvandle vand til vin ved et bryllup i Kana i Galilæa, og det beskrives i Johannesevangeliet 2:1-11. Da Jesus vidste, at vinen var blevet drukket, fik han tjenerne til at fylde seks stenkar med vand til kanten. De øsede noget op og bragte det til skafferen ved festen, og da han havde smagt vinen, som var blevet til af vand, roste han den for dens gode smag.

Hvorfor forvandlede Jesus, Guds søn, vand til vin som det første tegn, han udførte? Denne hændelse har en række spirituelle implikationer. Kana i Galilæa står for denne verden, og bryllupsfesten repræsenterer den sidste tid i denne verden, hvor folk vil æde, drikke og være befængte med ondskab (Matthæusevangeliet 24:37-38). Vandet henviser til Guds ord, og vinen er Jesu Kristi dyrebare blod.

Forandringen af vand til vin viser, at Jesu blod ved hans korsfæstelse ville blive det blod, som giver menneskeheden evigt liv. Folk roste vinen for dens gode smag. Det betyder, at mennesker vil glæde sig, fordi deres synder tilgives, når de drikker Jesu blod, og de får håb om himlen.

Ud over dette første tegn udførte Jesus mange vidunderlige tegn. Han frelste et døende barn; udførte et mirakle med at brødføde femtusind personer med fem brød og to fisk; uddrev dæmoner; fik de blinde til at se; og bragte Lazarus, som havde været død i fire dage, tilbage til livet.

Hvad var så det endelige formål med at Jesus udførte sådanne tegn? Det var at frelse mennesker og lade dem få tro, som han fortæller os i Johannesevangeliet 4:48: *"Hvis I ikke får tegn og undere at se, tror I ikke."* Det er derfor, at Gud, som anser en sjæl for mere værdifuld end hele universet, selv i dag viser os mange tegn gennem de troende, som er i stand til at opgive deres liv for at frelse andre.

Lad os se detaljeret på de forskellige tegn, som følger dem, der har en tro, som behager Gud.

1. At uddrive dæmoner

Bibelen fortæller os klart om dæmonernes eksistens, selv om mange mennesker i dag mener, at der ikke findes dæmoner. En dæmon er en slags ond ånd, som er imod Gud. De narre almindeligvis de mennesker, som tilbeder falske guder, ved at give dem problemer og prøvelser, og får ofte disse mennesker til at tilbede de falske guder endnu mere.

Men man bør uddrive dæmonen og herske over den, hvis man har sand tro, for Jesus siger: "Disse tegn vil følge dem, der tror: I mit navn skal de uddrive dæmoner."

Vi ser desuden følgende i Johannesevangeliet 1:12: *"Men alle dem, der tog imod ham, gav han ret til at blive Guds børn, dem, der tror på hans navn."* Hvor ville det være skammeligt, hvis man som Guds barn var bange for dæmonerne, eller blev narret af deres tricks!

Der er nogle gange nye troende uden spirituel tro, som bliver forstyrret af dæmoner, når de tager til bedehusene i bjergene for at bede afsondret. Nogle mennesker bliver endda besat af dæmoner, fordi de beder om Guds gaver og kraft uden at forsøge at skille sig af med deres ondskab.

Nye troende bør derfor ledsages af en spirituel leder, som er i stand til at uddrive dæmonerne i Jesu Kristi navn, når de tager til bedehuse, for så vil de kunne bede uden nogen form for forhindring.

At uddrive dæmoner i Jesu Kristi navn

Når præster eller medarbejdere i kirken besøger kirkens medlemmer, bør de først uddrive dæmoner ved at genkende hindrende spirituelle ting, og så vil dem, som modtager besøget, blive i stand til at åbne deres hjerte, modtage Guds nåde og få tro på budskabet. Hvis man ikke først og fremmest uddriver den fjendtlige Satan, kan besøget blive forstyrret. Det medlem, man besøger, vil muligvis ikke være i stand til at åbne sit hjerte, så vedkommende vil ikke kunne modtage nåde og få tro. De mennesker, som har fået åbnet deres spirituelle øjne, kan let genkende de forstyrrende onde ånder. Nogle personer er fuldstændig besat af dæmoner, men i de fleste tilfælde kontrollere de delvist folks tænkning.

Folk opfører sig usandt, når Satan arbejder i deres tanker, for de har stadig svag tro eller levn af den syndefulde natur såsom utroskab, tyveri, løgn, vrede, jalousi eller misundelse i sig. Men deres hjerte kan forandres, når de hører budskabet fra en præst, som har tilstrækkelig spirituel kraft til at uddrive dæmoner i Jesu Kristi navn.

Så vil folk angre med tårer, for de bliver dybt berørt i deres hjerte og indser deres synder, mens præsten leverer budskabet med den kraft, som Gud har givet ham. De vil også få stærk tro og styrke til at kæmpe mod deres synder. Efter nogle få måneder vil de kunne mærke, at de har ændret deres karakter og tro. På denne måde vil det være muligt for dem at ændre sig endnu mere, sådan at deres natur bliver sand.

I de fire evangelier kan man se, at mange mennesker fik transformeret deres medfødte natur efter at de mødte Jesus. Selv om apostelen Johannes først var et temperamentsfuldt menneske, som blev kaldt "Tordensønnen", blev han forandret til at være "kærlighedens apostel" efter at han mødte Jesus.

Et menneske med fuldstændig tro vil være i stand til at ændre andre mennesker på samme måde som Jesus gjorde. Han vil også være i stand til at uddrive dæmoner i Jesu Kristi navn, for han har magt til at regere over den fjendtlige Satan.

Hvordan man uddriver dæmoner

Uddrivelse af dæmoner kan variere meget fra sag til sag. Nogle gange forsvinder den efter en enkelt bøn, og andre gange vil den ikke forsvinde selv om man beder hundrede gange. Hvis et menneske blive besat af en dæmon, fordi han har skuffet Gud, og Gud har vendt ansigtet bort fra ham, vil dæmonen let kunne uddrives, når personen modtager en bøn og angrer med tårer. Det skyldes, at han allerede har tro og kender Guds ord.

I hvilket tilfælde vil det så være svært at uddrive dæmoner selv med megen bøn? Det vil det, når en særligt ondskabsfuld dæmon besætter et menneske, som ikke har nogen tro, og som ikke kender sandheden. I dette tilfælde er det vanskeligt for ham at få tro, mens han er besat, for det onde har slået for dybe rødder i ham. For at frigøre ham må man hjælpe ham med at opnå tro, forstå sandheden, angre og ødelægge syndens mur.

Hvis forældre har et problem i deres liv i Kristus, kan deres elskede barn blive dæmonbesat. I dette tilfælde vil barnet ikke blive sat fri fra dæmonen, før forældrene angrer deres synder, modtager frelse og står fast på troens klippe.

I nogle tilfælde kan man også blive påvirket af mørkets kræfter. Man kan se mennesker, som lever fortvivlende liv i troen, fordi de har svært ved at åbne deres hjerter, og verdslige tanker, tvivl og udmattelse afholder dem fra at lytte til budskabet, selv om de oprigtigt forsøger.

Dette kan finde sted, hvis mørkets kræfter har spillet en vigtig rolle i vedkommendes familie, for eksempel hvis personens forfædre har tjent falske guder loyalt, eller forældrene laver trolddom. Ikke desto mindre vil dæmonen forsvinde, og denne person og hans familie vil blive frelst, hvis han forandres til et barn af lyset ved flittigt at lytte til Guds ord, og ved at bede inderligt.

Gud hader dog de falske guder så meget, at der er en tyk mur af synd mellem Gud og de overtroiske. Man bør derfor fortsætte med at kæmpe med sig selv for at leve i sandheden, indtil man kan rive syndens mur ned. Hvor hurtigt man kan blive sat fri afhænger af, hvor flittigt man beder og forandrer sig.

Undtagelser, hvor dæmonen ikke forsvinder

I hvilke tilfælde forsvinder dæmonen ikke, selv om man befaler i Jesu Kristi navn?

Dæmoner forsvinder ikke, hvis et menneske engang har troet på Herren, men har fået brændemærket sin samvittighed efter at han har vendt sig bort fra Herren. Han kan ikke vende tilbage til Herren, selv om han måske gerne vil, for hans samvittighed er blevet fuldstændig udskiftet med usandhed.

Det er derfor, der står følgende i Første Johannesbrev 5:16: *"Der er synd, som er til døden; det er ikke om den, jeg siger, at man skal bede."* Med andre ord vil man ikke få svar fra Gud, selv om man beder.

Hvilke synder fører til døden? Det gør blasfemi eller at tale imod Helligånden. Et menneske, som begår denne synd, kan ikke tilgives, hverken i denne verden eller i den kommende. Derfor kan et sådant menneske aldrig blive frelst, selv om han beder uophørligt.

I Matthæusevangeliet 12:31 fortæller Jesus os, at blasfemi mod Ånden ikke vil blive tilgivet. Blasfemi mod Ånden betyder at hindre Helligåndens gerning med et ondt sind, fordømme og forbande den med egen vilje. Det er for eksempel blasfemi, når folk dømmer Guds gerning i en kirke som "kætteri", kommer med falske påstande og spreder rygter om denne kirke (Markusevangeliet 3:20-30).

Jesus siger også i Matthæusevangeliet 12:32 at: *"Den, der taler et ord imod Menneskesønnen, får tilgivelse, men den, der taler imod Helligånden, får ikke tilgivelse, hverken i denne verden eller i den kommende."* Jesus siger ligeledes i

Lukasevangeliet 12:10 at: *"Enhver, som taler et ord imod Menneskesønnen, får tilgivelse. Men den, ser spotter Helligånden, får ikke tilgivelse."*

Enhver, som taler et ord imod Menneskesønnen, fordi han ikke kender ham, kan blive tilgivet denne synd. Men den, som spotter og taler imod Helligånden, kan ikke tilgives, og vil gå dødens vej, fordi han hindrer Guds gerning og spotter Ånden, selv hvis han allerede har taget imod Jesus Kristus og Helligånden. Man bør ikke begå den synd at spotte og tale imod Helligånden, for disse synder er for alvorlige til at blive tilgivet, så der er ingen mulighed for frelse.

Hebræerbrevet 10:26 fortæller os, at hvis et menneske overlagt fortsætter med at synde, selv efter at han har fået viden om sandheden, så findes der ikke længere noget offer for synder. Han er fuldt ud klar over, hvad det er at synde, for han kender Guds ord og burde ikke længere begå onde ting.

Men hvis han overlagt begår synder, så vil hans samvittighed gradvist blive ufølsom overfor synder, og brændemærket. Til sidst vil han blive forsaget, fordi han ikke kan modtage angerens ånd.

De mennesker, som engang har været oplyste, har prøvet den himmelske gave, har haft del i Helligånden og har prøvet ordets godhed og den kommende verdens kraft, vil ikke få angerens ånd, efter at de er "faldet bort", for det ville være at korsfæste Guds Søn endnu engang og udsætte ham for offentlig bespottelse (Hebræerbrevet 6:4-6).

Disse mennesker, som har modtaget Helligånden, har viden om himlen og helvede, og kender Guds ord, men alligevel stadig bliver fristet af verden, falder bort og kaster skam over Guds ære, og de vil ikke få mulighed for at angre.

Med undtagelse af de få sager, som er blevet beskrevet ovenfor, og som Gud ikke kan undgå at vende ansigtet bort fra, kan man herske over den fjendtlige Satan og djævlen. Derfor kan dæmonerne uddrives, når man befaler det i Jesu Kristi navn.

At bede uophørligt, mens man fuldt ud lever i sandheden

Det vil være smertefuldt for Guds tjener eller arbejder, hvis dæmonen ikke forsvinder, selv når der bliver befalet i Jesu Kristi navn. Derfor er det naturligvis nødvendigt, at man modtager kraft til at regere over og kontrollere den fjendtlige Satan og djævlen. For at udføre de tegn, som ledsager den, der tror, må man nå det stadie, hvor man behager Gud. Man behager ham ikke alene ved at hvile i sandheden med kærlighed til Gud af hjertets grund, men også ved at bede flittigt og uophørligt.

Kort tid efter at jeg havde grundlagt min kirke, kom der en ung mand fra Gang-wom provinsen. Han havde epilepsi, og ønskede at møde mig, idet han havde hørt om mit helbredende virke. Selv om han troede, at han havde tjent Gud godt som lærer i en søndagsskole og medlem af kirkekoret, forsøgte han ikke at skille sig af med sine synder, men fortsatte i stedet overlagt med at synde, for han var ekstremt arrogant. Derfor kom en ond dæmon ind i hans sind, og manden led alvorligt.

Det helbredende arbejde blev manifesteret på grund af hans fars oprigtige bøn og hengivenhed til sin søn. Da jeg klarlagde dæmonens identitet og drev den ud med bøn, faldt den unge mand bevidstløs bagover og ildelugtende skum dækkede hans mund. Den unge mand vendte hjem igen efter at have væbnet sig med Guds ord i min kirke, og han blev et nyt menneske i Kristus. Senere hørte jeg, at han trofast tjente sin kirke og aflagde vidnesbyrd om sin helbredelse.

Nu om dage er der desuden mange mennesker, som slipper fri fra dæmoner eller fra mørkets kræfter hinsides tid og rum gennem bønner med lommetørklæder, som jeg har bedt over.

Ved en lejlighed var der en ung mand fra Ul-san, Kyungnam provinsen, som var blevet tævet alvorligt af ældre elever og af sine venner under første skoleår, fordi han ikke ville ryge sammen med dem. Efterfølgende led den unge mand af svær angst, og til sidst blev han besat af en dæmon. Han kom på en psykiatrisk afdeling, hvor han var i syv måneder, men til sidst slap han fri fra dæmonen efter at have modtaget en bøn med et lommetørklæde, som jeg havde bedt over. Han kom sig og er nu en værdsat arbejder i sin kirke.

Sådanne gerninger finder også sted i udlandet. For eksempel var der en lægmand i Pakistan, som havde lidt af en ond ånd i fire år, men han blev frisat fra den gennem bøn med et lommetørklæde, og modtog både Helligånden og den gave at tale i tunger.

2. At tale i nye tunger

Det andet tegn, der ledsager dem, som tror, er at tale i nye tunger. Men hvad vil det egentlig sige at tale i nye tunger?

I Første Korintherbrev 14:15 står der: *"Jeg vil bede med ånden, men jeg vil også bede med forstanden; jeg vil lovsynge med ånden, men jeg vil også lovsynge med forstanden."* Vi ved, at der er forskel på ånd og sind, men hvad er forskellen helt præcist?

Der er to former for sind i hjertet: Det sande sind og det usande sind. Det sande sind er ånd, et hvidt sind. Det usande sind er kød, et sort sind. Efter at man tager imod Jesus Kristus, fyldes hjertet med ånd i den udstrækning man beder og skiller sig af med synder ved at leve ved Guds ord, for det usande bliver revet op med rod i samme grad.

Lidt efter lidt fyldes hjerte med ånd, og når man når det fjerde trosniveau, hvor man elsker Gud i allerhøjeste grad, vil der ikke længere være nogen usandhed tilbage. Hvis man har en tro, der behager Gud, vil hjertet fyldes fuldstændig med ånd, og dette kaldes "fuldstændig ånd." På dette stadie er sindet ånd og ånden er sind.

At tale med nye tunger

Når den indre ånd beder til Gud med Helligåndens inspiration, kaldes det "bøn i tunger." Bønnen i tunger er en samtale mellem et menneske og Gud, og er dermed ekstremt gavnlig for livet i Kristus, for den fjendtlige Satan er ikke i stand til at lytte til den.

Den gave at tale i tunger gives som regel til Guds børn, når de beder oprigtigt i Helligåndens fylde. Gud ønsker at give alle sine børn gaver.

Når man beder indtrængende i tunger, vil man være i stand til at synge i tunger, danse eller lave rytmiske bevægelser med Helligåndens inspiration uden at være bevidst om det. Selv en person, som normalt ikke er særlig god til at synge, kan synge godt, og den, som normalt ikke er god til at danse, kan danse bedre end en professionel danser, for Helligånden styrer fuldstændig dette menneske.

Desuden kan man få nye spirituelle oplevelser gennem at tale i tunger, når man kommer ind i et dybere niveau. Dette kaldes at "tale i nye tunger." Man vil kun være i stand til at tale i nye tunger, når man beder i tunger på troens femte niveau.

Kraftfuldt nok til at uddrive den fjendtlige Satan

At tale i nye tunger er så kraftfuldt, at den fjendtlige Satan er bange for det og fortrækker sig. Hvis man for eksempel møder en røver, som vil overfalde med en kniv, kan Gud få ham til at skifte mening eller lade en engle lamme hans arm, hvis man beder i nye tunger.

Eller hvis man føler sig urolig og har trang til at bede, når man er på vej et eller andet sted hen, så er det fordi Gud tilskynder sindet gennem Helligånden; han ved allerede, at der ligger en ulykke forude.

Hvis man beder i lydighed overfor Helligåndens gerning, vil man være i stand til at hindre uforudsete ulykker eller katastrofer, for den fjendtlige djævel fjerner sig og med Guds vejledning kan man undgå problemer.

Ved at tale i nye tunger kan man beskytte sig eller hindre prøvelser og vanskeligheder i hjemmet, på arbejdet eller hvor som helst uden den fjendtlige Satan og djævlens forstyrrelser.

3. At tage på slanger med hænderne

Det tredje tegn som ledsager dem, der tror, er at tage på slanger med hænderne. Men hvad henviser ordet "slange" til?

Lad os se på Første Mosebog 3:14-15:

> "Da sagde Gud Herren til slangen: 'Fordi du har gjort dette, skal du være forbandet blandt alt kvæg og blandt alle vilde dyr. På din bug skal du krybe, og støv skal du æde, alle dine dage. Jeg sætter fjendskab mellem dig og kvinden, mellem dit afkom og hendes: Hendes afkom skal knuse dit hoved, og du skal bide hendes afkom i hælen.'"

Dette er scenen, hvor slangen bliver forbandet, fordi den har fristet Eva. Her henviser "kvinden" i spirituel betydning til Israel, og "hendes afkom" er Jesus Kristus. At kvindens afkom vil knuse slangens hoved betyder dermed, at Jesus Kristus vil knuse dødens autoritet for den fjendtlige Satan og djævlen. Og at slangen vil bide kvinden afkom i hælen betyder, at den fjendtlige Satan og djævlen vil korsfæste Jesus.

Det er åbenlyst, at slangen henviser til den fjendtlige Satan og djævlen, for i Johannesåbenbaringen 12:9 står der: *"Den blev styrtet, den store drage, den gamle slange, som hedder Djævelen og Satan, og som forfører hele verden – styrtet til jorden, og dens engle blev styrtet ned sammen med den."*

At tage på slanger med hænderne betyder, at man vil udskille en del af den fjendtlige Satan og ødelægge den i Jesu Kristi navn.

At ødelægge Satans synagoge

I Johannesåbenbaringen finder vi følgende vers:

"Jeg kender din trængsel og din fattigdom – men rig er du! – og jeg ved, at du spottes af dem, der påstår at være jøder og ikke er det, men er Satans synagoge" (2:9).

"Men jeg vil give dig nogle af dem fra Satans synagoge, som påstår at være jøder og ikke er det, men lyver; jeg vil få dem til at komme og kaste sig ned for dine fødder og indse, at jeg elsker dig" (3:9).

Her er "jøderne" Guds udvalgte folk, og henviser spirituelt set til alle, der tror på Gud. De, som "påstår at være jøder" henviser til mennesker, som hindrer Guds gerning, fordømmer eller bagtaler den på grund af, at den ikke er i overensstemmelse med deres tanker, og hader og brokker sig indbyrdes af misundelse og jalousi.

"Satans synagoge" er to eller flere mennesker, som mødes og taler ondt og usandt om andre, eller skaber problemer for kirken. Få menneskers brok smitter mange andre, og sådan bliver Satans synagoge til sidst etableret.

Konstruktive forslag og ideer bør naturligvis accepteres af hensyn til kirkens udvikling. Men det er Satans synagoge, hvis nogle af kirkens medlemmer slås mod Guds tjener, deler kirken i kliker, og danner grupper mod sandheden.

Selv om kirken skulle være fyldt med kærlighed og hellighed, og være forenet i sandheden, er der mange kirker, hvor bøn og kærlighed køler ned og vækkelsen ender fuldstændig, og som følge står den ikke fast på Gud rige, alt samme på grund af Satans synagoge.

Satans synagoge kan dog ikke udøve sin magt, hvis man genkender den med en tro på femte niveau, som behager Gud.

Der har aldrig været en Satans synagoge i min kirke i al den tid, den har eksisteret. I de tidligste dage af mit virke er det muligvis sket, at nogle af kirkens medlemmer blev påvirket af Satan, fordi medlemmerne endnu ikke var væbnet med sandheden.

Men Gud har til hver en tid ladet mig vide og ødelægge det gennem budskabet. På denne måde er ethvert forsøg på at skabe en Satans synagoge blevet slået ned. Nu om stunder er medlemmerne af min kirke i stand til helt klart at skelne mellem sandhed og usandhed. De personer, som er kommet ind i kirken i hemmelighed for at danne en Satans synagoge, forlader kirken eller angrer, fordi nogle af dem stadig har gode hjerter. Satans synagoge kan således ikke dannes, hvis der ikke er nogen, som handler i overensstemmelse med den.

4. Den dødbringende gift vil ikke skade

Det fjerde tegn, der ledsager dem, som tror, er at de kan drikke dødbringende gift uden at den vil skade dem. Hvad betyder dette helt præcist?

I Apostlenes Gerninger 28:1-6 ser man en hændelse, hvor apostelen Paulus bliver bidt af en slange på øen Malta. Øens beboere forventede, at han ville svulme op eller falde døde om (vers 6), men der skete ham ikke noget. Da de havde ventet i lang tid og så, at der ikke skete Paulus noget, ændrede øboerne opfattelse og sagde, at han var en gud (vers 6). Paulus havde så perfekt tro, at end ikke en slanges gift kunne skade ham.

Selv om en slange bider

Mennesker med perfekt tro bliver ikke syge eller inficerede af bakterier, virus eller gift, selv om de indtager det ved et uheld, for Gud brænder giften med Helligåndens ild.

Men hvis de drikker det intentionelt, kan de ikke beskyttes, for det betyder, at de vil teste Gud. Han acceptere ikke, at nogen tester ham, undtagen for tiende. Men man kan komme til at indtage gift gennem madforgiftning, som er blevet foretager for at skade.

Desuden kan en mand give en kvinde sovemiddel for at friste hende, eller man kan bedøve nogen for at kidnappe dem eller stjæle deres penge. Selv i disse tilfælde vil et menneske med perfekt tro være beskyttet og ikke tage skade, for giften vil blive neutraliseret med Helligåndens ild.

Helligåndens ild brænder enhver gift

Ved slutningen af mit tredje år på teologiseminariet fik jeg en skarp smerte i maven efter at jeg havde drukket en læskedrik, mens jeg forberedte mit første vækkelsesmøde. Jeg lagde hænderne på min mave, og gik på toilettet, hvor jeg havde diarre. Derefter følte jeg en vis lettelse. Det var først næste dag, jeg fik at vide, at min læskedrik havde indeholdt et giftigt materiale.

En anden gang bad jeg i Jochiwom, Choongchung provinsen. Der lå et universitet tæt ved, og til tider var der demonstrationer, hvor politiet brugte tåregas. Folk omkring mig havde store problemer med at trække vejret, men jeg oplevede ikke selv nogen problemer.

I de tidligste dage af mit virke levede min familie i kælderen til min kirkebygning. På det tidspunkt brugte koreanerne briketter til opvarmning. Min familie led meget på grund af kulmonoxid gassen, særligt på overskyede dage, hvor der ikke var luftcirkulation. Men jeg led aldrig på grund af den omtalte gas. Helligånden opløser umiddelbart ethvert giftigt materiale, når det kommer ind i kroppen på en person med tro, som behager Gud, for Helligåndens fylde bevæger den rundt i menneskets krop.

5. At helbrede syge ved at lægge hænderne på dem

Det femte tegn, som ledsager dem, som tror, er at de syge bliver helbredt, når de lægger hænderne på dem. Ved Guds nåde har dette tegn ledsaget mig selv før, jeg startede mit virke. Efter at jeg grundlagde min kirke er utallige menneske blevet helbredt og har æret Gud.

Nu om stunder kan jeg ikke lægger hænderne på hvert enkelt medlem at min kirke, jeg beder kun for de syge fra prædikestolen. Men mange syge mennesker er blevet helbredt, og lidende er blevet raske og stærke gennem bønnen.

Ved det to-ugers vækkelsesmøde, som blev afholdt hvert år i

maj indtil 2004, blev desuden adskillige sygdomme fra leukæmi og lammelse til kræft helbredt. De blinde begyndte at se, de døve begyndte at høre og krøblingene begyndte at gå. Gennem disse forbløffende gerninger har utallige mennesker mødt den levende Gud.

Men hvorfor er der stadig nogle mennesker, som ikke kan få svar, selv om de befinder sig midt imellem Helligåndens flammende gerninger, hvor bakterier brændes, syge helbredes og lidelser forsvinder?

For det første må vi huske, at når man modtager en bøn uden at have tro, så kan man ikke blive helbredt. Det skyldes, at Gud udfører sin gerning i overensstemmelse med den enkeltes tro. For det andet kan man ikke helbredes selv om man har tro, hvis man har en mur af synd overfor Gud. I dette tilfælde kan man først helbredes, når man har angret sine synder, er vendt tilbage til Gud, og derefter modtager en bøn.

Der er endnu en ting, man bør vide: Selv om en person helbreder en anden ved bøn, kan man ikke være sikker på, at han har opnået det femte trosniveau. Man vil være i stand til at helbrede, hvis man har helbredelsens gave selv på tredje niveau af troen.

Desuden kan en person på andet trosniveau helbrede folk gennem bøn, når han er fyldt med Helligånden, for han kommer i kort tid ind på fjerde trosniveau. Ydermere er en retfærdigs bøn eller en kærlighedsbøn så kraftfuld og effektiv, at Guds gerning kan manifasteres (Jakobsbrevet 5:16).

Dog er der begrænsninger i disse tilfælde. Sygdomme, som skyldes bakterier eller virus såsom mildt ubehag, kræft eller svindsot kan helbredes, men så store gerninger som at få krøblinge til at gå eller de blinde til at se, kan ikke udføres.

Selv om dæmoner kan uddrives med kærlighedsbønner eller med helbredelsens gave, så er det sandsynligt, at dæmonen vil komme tilbage efter et stykke tid. Men når en person på troens femte niveau uddriver dæmoner, kommer de ikke tilbage.

Man kan først siges at være på femte trosniveau, når man fuldt ud udviser alle fem tegn. Man vil desuden udvise en mægtig autoritet, kraft og mange af Helligåndens gaver, når man er på dette stadie.

På nuværende tidspunkt er mange mennesker fuldkommen skamplettet af ondskab og synd, og de vil sandsynligvis kun få tro ved at se endnu mere kraftfulde tegn og undere end menneskerne på Jesu tid.

Det er derfor, Gud ikke alene ønsker, at hans børn skal opnå spirituel og fuldstændig tro, men også, at de skal udvise de tegn, der ledsager dem, som tror, så de kan føre utallige mennesker på vejen til frelse.

Man bør stræbe efter at modtage styrke, autoritet og kraft, vel vidende at man vil være i stand til at gøre det, som Jesus gjorde, og endda endnu større ting, hvis man har Kristi tro, som behager Gud.

Må du øge Guds rige og opnå hans retfærdighed med denne tro så snart du kan, og skinne som en sol i himlen til evig tid, det beder jeg om i Jesu Kristi navn!

Kapitel 10

Forskellige himmelske boliger og kroner

1
Himlen opnås kun med tro

2
Himlen er blevet stormed

3
Forskellige boliger og kranse

Jeres hjerter må ikke forfærdes!
Tro på Gud, og tro på mig!
I min faders hus er der mange boliger;
hvis ikke, ville jeg så have sagt,
at jeg går bort for at gøre en plads rede for jer?
Og når jeg er gået bort og har gjort en plads rede for jer,
kommer jeg igen og tager jer til mig,
for at også I skal være, hvor jeg er.
(Johannesevangeliet 14:1-3)

For en olympisk atlet må det være dybt rørende at vinde en guldmedalje. Han vinder den ikke ved en tilfældighed, men efter lang tid med hård træning for at forbedre sine evner, og lang tids afholdenhed fra hobbier og yndlingsmad. Han har udholdt det på grund af sin stærke trang til at opnå guldmedaljen, og han har vidst, at hans anstrengelser ville blive rigeligt belønnet.

Det er det samme med os kristne. I det spirituelle løb mod det himmelske rige må vi kæmpe troens gode kamp, overvinde vores kroppe og gøre dem til slaver for at blive vindere af dem endelige pris. Folk i denne verden gør sig store anstrengelser for at opnå verdslige priser og ære. Men hvad skal man gøre for at opnå prisen og æren i den evige rige i himlen?

Der står følgende i Første Korintherbrev 9:24-25: *"Ved I ikke, at de, der er med i et løb på stadion, alle løber, men kun én får sejrsprisen? Løb sådan, at I vinder den! Men enhver idrætsmand er afholdende i alt – de andre for at få en sejrskrans, der visner, men vi for at få en, der ikke visner."*

Denne passage tilskynder os til at have selvkontrol i alle forhold og løbe uden ophør med længsel efter den herlighed, som vi snart vil opnå.

Lad os undersøge i detaljer, hvordan man kan opnå himlens ærefulde rige, og hvordan man kan få en bedre bolig i himlen.

1. Himlen opnås kun med tro

Der er mange mennesker som ikke ved, hvor mennesket kommer fra, hvad han lever for og hvor han skal hen, selv om de har ære og magt, velstand og en god portion viden. De tror simpelthen, at fra fødselen spiser og drikker folk, går i skole, arbejder, bliver gift og lever indtil de vender tilbage til at være en håndfuld støv efter døden.

Men Guds folk, som har taget imod Jesus Kristus, tænker ikke på denne måde. De ved, at deres sande Fader, som giver dem liv, er Gud, for de tror på, at han skabte det første menneske Adam og lod ham få efterkommere ved at give ham livets sæd. De lever derfor for at ære Gud, og når som helst de spiser, drikker eller foretager sig noget, er det fordi de ved, hvorfor Gud skabte menneske og lod dem leve i denne verden. De lever også i overensstemmelse med Guds vilje, for de ved, hvordan de kan blive frelst, komme i himlen og få evigt liv, eller hvordan de kan blive straffet i helvedes evige flammer.

De, som har tro, er Guds børn med himmelsk borgerskab. Han ønsker, at de skal kende til det himmelske rige for at blive fyldt med håb om deres hjem der, for jo flere mennesker, der kender til det himmelske rige, jo mere aktivt kan de leve med tro i dette liv.

Man kan kun opnå himlen med tro, og dermed er det kun dem, der er frelst ved troen, der vil komme dertil. Selv om man har mange penge og megen ære og magt, kan man ikke komme dertil ved egen styrke. Kun de, som har Guds børns rettigheder ved at have taget imod Jesus Kristus og leve efter hans ord, vil komme i himlen og få det evige liv og de mange velsignelser.

Frelsen på det gamle testamentes tid

Betyder dette, at de, som ikke kender noget til Jesus, ikke kan blive frelst? Nej, det er ikke tilfældet. Tiden omkring det gamle testamente var lovens tid, og folk blev frelst afhængig af, om de levede efter loven, Guds ord. Men på det nye testamentes tid kom Johannes døberen til denne verden og vidnede om Jesus Kristus, og folk blev frelst ved at tro på Jesus.

Selv i vores tid kan der være mennesker, som ikke har taget imod Jesus Kristus, fordi de ikke har haft mulighed for at høre om ham. Sådanne mennesker vil blive dømt efter deres samvittighed (For mere information desangående, se venligst Budskabet fra Korset). Nu om stunder lader det til, at mange mennesker misforstår Guds vilje for frelsen. De tror fejlagtigt, at de kan blive frelst kun ved at bekende deres tro med læberne, og sige: "Jeg tror på Jesus Kristus som min frelser", for på det nye testamentes tid gav Gud frelsens nåde gennem Jesus Kristus. Disse mennesker tror ikke, at de behøver forsøge at leve ved hans ord, og de mener ikke, at synd for alvor er et stort problem, men de tager fejl.

Så hvad betyder det egentlig at blive frelst ved gerninger på det Gamle Testamentes tid, eller at blive frelst ved troen på det Nye Testamentes tid?

Jesus kom ikke til denne verden for at frelse dem, som ikke lever efter Guds ord; han kom for at føre mennesker til at leve i overensstemmelse med Guds ord, ikke bare med gerninger, men også med deres hjerter.

Derfor erklærer Jesus følgende i Matthæusevangeliet 5:17: *"Tro ikke, at jeg er kommet for at nedbryde loven eller profeterne. Jeg er ikke kommet for at nedbryde, men for at opfylde."* Han minder os om, at hvis nogen begår en synd i sit hjerte, så har han allerede begået synden: *"I har hørt, at der er sagt: 'Du må ikke bryde et ægteskab.' Men jeg siger jer: Enhver, som kaster et lystent blik på en andens hustru, har allerede begået ægteskabsbrud med hende i sit hjerte"* (Matthæusevangeliet 5:27-28).

Frelse på det Nye Testamentes tid

Under tiden for det Gamle Testamente blev det ikke regnet for at synd at begå ægteskabsbrud i hjertet, kun selve handlingen blev anset som en synd. Derfor var det kun dem, der rent faktisk begik ægteskabsbrud rent fysisk, der blev stenet til døde (Femte Mosebog 22:21-24). På samme måde kunne et menneske blive frelst, selv om han havde et meget ondt hjerte, og ønskede at dræbe nogen eller stjæle noget, for hvis han ikke havde udvist en sådan handling, blev han ikke fundet skyldig i synd.

Lad os se på Første Johannesbrev 3:15 for at forstå, hvad det betyder at blive frelst ved troen i det Nye Testamente: *"Enhver, som hader sin broder, er en morder, og I ved, at ingen morder har evigt liv i sig."*

Fra tiden for det Nye Testamente vil folk ikke længere blive frelst, hvis de synder i hjertet, selv om de ikke har gjort det i handling, for at synde i hjertet er lige så forkert som at synde i gerning.

I Ny Testamentelig tid er det derfor sådan, at hvis nogen har en intention om at stjæle, så er han allerede en tyv; hvis nogen ser på en kvinde med lyst, så har han allerede begået ægteskabsbrud; og hvis nogen hader sin bror eller har intention om at dræbe ham, så er han ikke bedre end en morder. Når man ved dette helt klart, må man opnå frelse ved at vise Gud sin tro i handling, og uden at synde i sit hjerte.

At skille sig af med den syndefulde naturs handlinger og lyster

I Bibelen finder man ofte udtryk som "den syndefulde natur", "kødet", "kødets ting", "kødets handling", "syndens krop" og så videre. Det er dog svært at finde nogen, som kende den sande betydning om disse udtryk, selv blandt troende.

Ifølge ordbogen er der ikke nogen forskel i betydning mellem "kødet" og "kroppen", men ifølge Bibelen har de forskellig spirituel betydning. For at forstå den spirituelle betydning af disse udtryk, må man først forstå den proces, hvormed synden kom ind i mennesket.

Det første menneske var en levende ånd og dermed en spirituel person uden nogen usandhed, for Gud havde kun lært ham viden om livet. Døden kom over ham, da han begik ulydighedens synd ved at tage frugten fra kundskabens træ, og dermed ikke overholdt Guds befaling (Romerbrevet 6:23).

I takt med at ånden, der havde haft rollen som hersker, døde, var Adam ikke længere i stand til at kommunikere med Gud. Da han var en simpel skabning, burde han have frygtet Gud Skaberen og overholdt hans befalinger, men han kunne ikke engang overholde denne enkle pligt. Han blev uddrevet fra Edens Have og måtte leve i denne verden, hvor han blev udsat for tårer, sorger, lidelser, sygdomme og død. Han og hans efterfølgere blev syndere, og de blev gradvist ondere generation for generation.

Vi kalder det "krop", når man bliver besmittet med synd, idet livets viden, som oprindeligt blev givet af Gud, bliver taget bort fra mennesket, og når syndefulde egenskaber forbindes med denne tilstand af "krop", kalder vi det "kødet."

"Kødet" er derfor en fællesbetegnelser, som henviser til usynlige, men latente egenskaber i hjertet, som vil være i stand til at udvikle sig til handlinger, selv om man ikke udlever dem. Når vi inddeler og kategoriserer kødet i detaljerede egenskaber, kalder vi dem for "kødets lyster."

For eksempel er karakteristika som misundelse, jalousi og had usynlige, men kan udvikle sig til handling på et hvilket som helst tidspunkt, hvis de er tilstede i hjertet. Det er derfor, Gud betrager dem som synder.

Hvis man ikke skiller sig af med kødets lyster, vil de komme til syne i handlinger, og når det sker, kalder vi dem "kødets gerninger." Når flere forskellige handlinger af syndefuld natur ses som et samlet hele, kaldes de for "kødet."

Med andre ord kaldes det "kødets gerninger" når vi ser på de enkelte handlinger hver for sig. Hvis man har en intention om at slå et andet menneske, hører det til "kødets lyster", men hvis man rent faktisk gør det, er det "kødets gerning."

Hvordan defineres den spirituelle betydning af "kødet" i Første Mosebog 6:3?

> *Da sagde Herren: "Min livsånde skal ikke forblive i mennesket for evigt. De er dødelige."*

Dette vers minder os om, at Gud ikke ønsker at forblive hos mennesker, som ikke lever efter hans ord, men begår synder, og dermed bliver dødelige.

Bibelens fortæller os dog, at Gud altid var med spirituelle mennesker som Abraham, Moses, Elias, Noa og Daniel, som kun søgte sandheden og som levede efter Guds ord. Når man ved, at kødelige mennesker, som ikke lever efter Guds ord, ikke kan blive frelst, bør man stræbe efter at skille sig af med både kødets gerninger og kødets lyster hurtigts muligt.

Kødelige mennesker vil ikke arve Guds rige

Da Gud er kærlighed, giver han Helligånden og retten til at blive hans barn som gave til dem, der indser, at de er syndere, angrer deres synder og tager imod Jesus Kristus, som deres frelser. Når man modtager Helligånden som gave, giver man ånden liv ved Helligånden, og den døde ånd vil blive genoplivet.

Man er dermed i stand til at modtage frelse og få evigt liv, for man er ikke længere et kødeligt menneske, men et åndeligt menneske. Men hvis man fortsat udlever kødets gerninger, vil man ikke blive frelst, for Gud vil ikke være med sådanne mennesker.

Kødets gerninger defineres i detaljer i Galaterbrevet 5:19-21:

> *"Kødets gerninger er velkendte: utugt, urenhed, udsvævelse, afgudsdyrkelse, trolddom, fjendskaber, kiv, misundelse, hidsighed, selviskhed, splid, kliker, nid, drukkenskab, svir og mere af samme slags. Jeg siger jer på forhånd, som jeg før har sagt, at de, der giver sig af med den slags, ikke skal arve Guds rige."*

Jesus fortæller os ligeledes følgende i Matthæusevangeliet 7:21: *"Ikke enhver, som siger: 'Herre, Herre!' til mig, skal komme ind i Himmeriget, men kun den, der gør min himmelske faders vilje."* Bibelen fortæller os gang på gang, at den uretfærdige, som ikke lever efter hans vilje, men begår kødets gerninger, ikke kan komme i himlen. Gud ønsker, at vi alle må blive frelst og komme i himlen gennem troen.

Hvis man ønsker at blive frelst ved troen

I Romerbrevet 10:9-10 står der: *"Hvis du med din mund bekender, at Jesus er Herre, og i dit hjerte tror, at Gud har oprejst ham fra de døde, skal du frelses. For med hjertet tror man til retfærdighed, men munden bekender man til frelse."*

Den slags tro, som Gud ønsker, er den, hvormed man tror med hjertet og bekender med munden. Med andre ord vil du blive retfærdiggjort ved at skille dig af med synder og leve efter Guds ord, hvis du for alvor tror i dit hjerte, at Jesus blev din Frelser gennem genopstandelsen på tredjedagen efter hans korsfæstelse. Når man bekender med munden mens man lever i overensstemmelse med hans vilje, kan man blive frelst, fordi bekendelsen er sand.

Derfor står der følgende i Romerbrevet 2:13: *"For det er ikke dem, som hører loven, der er retfærdige for Gud, men de, som gør loven, vil blive gjort retfærdige."* Skriften fortæller os ligeledes i Jakobsbrevet 2:26: *"For en tro uden gerninger er lige så død som et legeme uden åndedræt."*

Man kan kun vise sin tro med sine handlinger, når man tror Guds ord i sit hjerte. Det er ikke muligt, hvis man oplagrer det som viden. Når denne viden plantes i hjertet, vil handlingerne følge naturligt.

Hvis man før har været et hadefuldt menneske, vil man blive forandret til et menneske, som elsker andre. Hvis man har været tyv, vil man blive forandret til et menneske, som ikke stjæler. Hvis man lever i mørket med kærlighed til verden, og man bekender sin tro alene med læberne, er troen død, for den vil ikke føre til frelse.

Det er også skrevet i Første Johannesbrev 1:7, at *"Hvis vi vandrer i lyset, ligesom han er i lyset, har vi fællesskab med hinanden, og Jesu, hans søns, blod renser os fra al synd."*

Når sandheden er i os, vil vi naturligt vandre i lyset, for vi lever ved sandheden. Vi bliver retfærdige på grund af troen i vore hjerter, idet vi kommer ud af mørket og går ind i lyset ved at skille sig af med synderne. Omvendt lyver man overfor Gud, hvis man stadig lever i mørket og begår synder og ondskab. Man bør dermed hurtigt opnå en tro, der ledsages af handlinger.

Man bør gå i lyset

Gud befaler, at vi skal kæmpe mod synden, indtil det koster blod (Hebræerbrevet 12:4), for han ønsker, at vi skal være perfekte, ligesom han er perfekt (Matthæusevangeliet 5:48), og hellig, ligesom han er hellig (Første Petersbrev 1:16).

På det Gamle Testamentes tid blev folk frelst, hvis deres handlinger var perfekte: De behøvede ikke skille sig af med synden i deres hjerter, for det var ikke muligt for almindelige mennesker at skille sig af med disse synder alene af egen styrke.

Hvis det var muligt at skille sig af med synderne selv, ville

Jesus ikke have haft nøde at komme i kød. Men da man ikke kan løse syndens problem, og heller ikke blive frelst af egen evne og styrke, blev Jesus korsfæstet, og han giver alle, som tror, Helligånden som gave og fører dem til frelse.

På denne måde kan man skille sig af med enhver slags ondskab med Helligåndens hjælp og tage del i den guddommelige natur, for når Helligånden kommer ind i hjertet, gør den opmærksom på synd, retfærdighed og dom.

Man bør derfor ikke være tilfreds med bare at have taget imod Jesus Kristus, men i stedet bede indtrængende, skille sig af med enhver form for ondskab og gå ind i lyset med Helligåndens hjælp, indtil man er i stand til at tage del i den guddommelige natur.

Den eneste måde, hvorpå man kan opnå himlen, er at have spirituel tro ledsaget af handlinger, som der står i Matthæusevangeliet 7:21: *"Ikke enhver, som siger: 'Herre, Herre!' til mig, skal komme ind i Himmeriget, men kun den, der gør min himmelske faders vilje."* Man må gøre sig enhver anstrengelse, indtil man når målet af fædrenes tro, for den himmelske bolig vil blive bestemt af målet af den enkeltes tro.

Jeg håber, at du vil tage del i den guddommelige natur og opnå Ny Jerusalem, hvor Guds trone står.

2. Himlen er blevet stormet

Gud lader os høste, som vi sår, og belønner os for det, vi gør, for han er retfærdig. Så selv i himlen vil enhver blive belønnet med en bolig i overensstemmelse med målet af hans tro, og der gives forskellige belønninger alt efter i hvilken grad, man har tjent og hengivet sig til Guds rige. Gud, som har ofret selv sin enbårne søn for at give os himlen og det evige liv, venter ivrigt på at hans børn kommer til ham og lever med ham til evig tid i de bedste boliger i himlen, i Ny Jerusalem.

Gennem verdenshistorien har de stærke nationer generelt ført krig mod de svagere nationer, og dermed udvidet deres territorium. For at erobre et lands territorium, har den anden nation været nødt til at invadere landet og overvinde det i krig.

På samme måde må man gå frem mod himlen med inderligt håb, hvis man er Guds barn med borgerskab i himlen. Nogle vil måske undre sig over, hvordan man vover at gå mod himlen, som er den Almægtige Guds rige. Derfor må vi først forstå den spirituelle betydning af, at "himlen er blevet stormet", og derefter undersøge, hvordan himlens rige kan tages med magt.

Fra Johannes Døberens tid.

Jesus fortæller os i Matthæusevangeliet 11:12, at *"Fra Johannes Døberens dage indtil nu er Himmeriget blevet stormet, og de fremstormende river det med sig."* Tiden før Johannes Døberens dage henviser til lovens dage, hvor folk blev frelst ved deres handlinger.

Det Gamle Testamente er det Nye Testamentes skygge; profeterne lod folk vide om Jehova, og profeterede om Messias. Men fra Johannes Døberens dage åbnedes det Nye Testamentes æra, og profetierne i det Gamle Testamente afsluttedes.

Vores frelser Jesus dukkede op på historiens scene, ikke som en skygge, men som selveste Ham. Johannes Døberen begyndte at vidne om Jesus, som skulle komme. Og fra da af begyndte nådens æra, hvor enhver kunne opnå frelse ved at tage imod Jesus som sin frelser og få Helligånden.

Enhver, som tager imod Jesus Kristus og tro på hans navn, får retten til at blive Guds barn og komme i himlen. Gud har dog opdelt himlen i forskellige slags boliger og lader hver af sine børn få en bolig, som passer til målet af vedkommendes tro, for Gud er retfærdig og giver et hvert individ igen for det, han eller hun har gjort. Desuden er det kun dem, som fuldt ud er blevet hellige ved at leve i overensstemmelse med ordet, og som har udført deres mission til fulde, som kan komme til Ny Jerusalem, hvor Guds trone står.

Man må derfor være kraftfuld for at komme til de bedste boliger i himlen, for selv om man har opnået adgang til himlen, afhænger boligen af målet af tro.

Fra Johannes Døberens dage til Herrens genkomst i luften vil alle, som går frem mod himlen, belejre den. Jesus fortæller os følgende i Johannesevangeliet 14:6: *"Jeg er vejen og sandheden og livet; ingen kommer til Faderen uden ved mig."*

Herren fortæller os, at ingen kommer til Faderen uden ved ham, for han er vejen som fører til himlen, sandheden selv og livet. Af den grund kom han til verden, vidnede om Gud så vi klart kunne forstå sandheden, og lærte os, hvordan vi skal komme i himlen, idet han selv var model for os.

Himlen er opdelt i forskellige boliger

Himlen er Guds rige, hvor hans frelste børn vil leve til evig tid. Til forskel fra denne verden er der ingen forandring og fordærvelse i fredens rige. Det er fuldt af glæde og lykke uden sygdomme, sorg, smerte og død, for den fjendtlige Satan, djævlen og synden er der ikke.

Selv om vi forsøger at forestille os, hvordan himlen er, vil vi blive grundigt overraskede og forbløffede, når vi ser himlens skønhed og klarhed. Gud den Almægtige, universets Skaber, har gjort himlen til et vidunderligt sted, for hans børn skal leve der til evig tid! Hvis man undersøger Bibelen omhyggeligt, vil man se, at himlen er inddelt i mange boliger.

Jesus siger i Johannesevangeliet 14:2: *"I min faders hus er der mange boliger; hvis ikke, ville jeg så have sagt, at jeg går bort for at gøre en plads rede for jer?"* Nehemias nævner også forskellige "himle": *"Du, Herre, er den eneste. Du skabte himlen, himlenes himmel med hele dens hær, jorden med alt, hvad den rummer, havene med alt, hvad de rummer. Du giver dem alle livet, og himlens hær tilbeder dig"* (Nehemias' Bog 9:6).

I gamle dage troede folk, at der kun var en himmel, men nu om dage ved vi takket være videnskabens udvikling, at der er adskillige andre rum end det, vi kan se med det blotte øje. Til vores overraskelse har Gud allerede optegnet dette i Bibelen.

For eksempel bekræfter Kong Salomon, at der er mange himle: *"Bor Gud da på jorden? Nej, himlen og himlenes himmel kan ikke rumme dig; hvor meget mindre da dette hus, som jeg har bygget!"* (Første Kongebog 8:27). Apostelen Paulus bekræfter i Andet Korintherbrev 12:2-4, at han var blevet ført ind i Paradis i den tredje himmel, og i Johannesåbenbaringen 21 beskrives Ny Jerusalem, hvor Guds trone står.

Man bør således anerkende, at himlen ikke kun består af en

bolig, men af mange. Jeg vil opdele himlen i forskellige steder afhængig af målet af tro, og kalde dem Paradis, det Første Rige, det Andet Rige, det Tredje Rige og Ny Jerusalem. Paradis er stedet for mennesker med mindst tro; det Første Rige er for folk med en smule mere tro end dem, der er i Paradis; det Andet Rige er for dem med mere tro end dem, der er i det Første Rige; det Tredje Rige er for dem med større tro end dem, der er i det Andet Rige. I det Tredje Rige ligger den hellige by Ny Jerusalem, hvor Guds trone står.

Himlens rige bliver stormet at dem, som har tro

I Korea er der øer som Ul-lung og Jeju, der er landbrugsområder og bjergområder, små og store byer, og storbyer. I hovedstaden Seoul ligger præsidentens officielle bolig, Cheong Wa Dae.

Ligesom en nation er opdelt i mange distrikter af administrative hensyn, er himlens rige også inddelt i forskellige typer af bolig efter en strikt standart. Med andre ord bestemmes en persons bolig af, i hvilken udstrækning vedkommende lever efter Guds hjerte.

Gud er tilfreds, når man lever med håb om himlen, for det er bevis på, at man har tro, og på samme tid er det en genvej til at vinde kampen mod den fjendtlige Satan og djævlen, og blive hellig ved hurtigt at skille sig af med kødets gerninger og lyster.

Når man har taget imod Jesus Kristus, vil man indse, at det er let at skille sig af med kødets gerninger, men det er noget sværere at blive af med kødets lyster, for syndens har slået rod.

Derfor forsøger de mennesker, som har sand tro, at bede

uophørligt og faste, sådan at de kan blive hellige børn af Gud ved at rense sig fuldstændig for kødets lyster.

Himlen opnås kun ved tro, og hver bolig tildeles efter, hvad den enkelte har gjort, for himlen det sted, hvor Gud regerer med retfærdighed og kærlighed. Med andre ord vil boligen for et menneske på troens første niveau være anderledes end boligen for en person på andet eller tredje trosniveau, og så videre. Jo højere trosniveau man opnår, jo smukkere og dejligere vil den himmelske bolig være.

Man må gå frem mod himlen

Hvis man kun er kvalificeret til at komme i Paradis, må man kæmpe for at gå frem mod det Første Rige og en bedre bolig i himlen. Hvem vil man kæmpe mod i denne kamp? Det er en kontinuerlig kamp mod djævlen for at holde fast i sin tro og gå frem mod himlens porte.

Den fjendtlige Satan og djævlen gør sig enhver anstrengelse for at føre folk til at gøre modstand mod Gud, sådan at de ikke vil komme i himlen; lade dem tvivle, så de ikke kan tro; og føre dem til døden ved at lade dem begå synder. Derfor må man overvinde djævlen! Man vil først komme til de bedste boliger, når man ligner Herren ved at kæmpe mod synden, så det koster blod.

Tænk på en bokser. Han udholder alle slags hård træning for at blive verdensmester. Bokseren ved, at det er nødvendigt at træne hårdt for at blive verdensmester og opnå ære, velstand og fremgang. Men indtil han vinder titlen, må han gennemgå smertefuld træning og kæmpe mod sig selv.

Det er det samme med at belejre himlen. Man bør kæmpe kampen for at blive hellig og skille sig af med enhver form for ondt, og for at fuldføre alle gudgivne pligter. Man skal vinde en spirituel kamp for at opnå himlen ved at bede inderligt, selv om den fjendtlige Satan og djævlen uophørligt forsøger at forhindre, at man går frem mod det himmelske rige.

Man bør dog vide, at kampen mod djævlen rent faktisk ikke er så hård. Enhver, som har tro, er i stand til at vinde kampen mod den fjendtlige Satan og djævlen, for Gud hjælper og vejleder med den himmelske hær, engle og Helligånden.

Vi må belejre himlen ved at gå frem mod den og sejre med tro. Efter at en bokser har vundet mesterskabet, må han kæmpe for at forsvare det. Men kampen for at komme i himlen er glædelig og behagelig, for jo mere man sejrer, jo lettere bliver syndens byrde. Når som helst man vinder et slag, bliver man tilfreds, og kampen bliver lettere dag for dag, for alt vil gå en godt, man vil have godt helbred og sjælen vil trives.

Selv om en bokser bliver verdensmester og opnår ære og velstand, så vil alt dette forsvinde ved hans død. Men den ære og de velsignelser, som man opnår efter slaget for at gå frem mod himlen, varer evigt.

Hvad skal man kæmpe for og gøre sit bedste for? En vis person vil kæmpe for at komme i himlen i jagten på evigheden frem for at kæmpe for jordiske ting.

Hvis man ønsker at gå frem mod himlen med tro

Når Jesus fortæller om himlen, bruger han lignelser med jordiske ting, sådan at folk bedre kan forstå det. En af disse lignelser handler om et sennepsfrø:

> *Han fortalte dem en anden lignelse: "Himmeriget ligner et sennepsfrø, som en mand tog og såede på sin mark. Det er mindre end alle andre frø, men når det vokser op, er det større end alle andre planter, og bliver et helt træ, så himlens fugle kommer og bygger rede i dets grene"* (Matthæusevangeliet 13:31-32).

Når man rører et stykke papir med en kuglepen, kommer der en meget lille plet. Plettens størrelse svarer stort set til et sennepsfrø. Dette lille frø vil vokse sig til et stort træ, hvor fuglene kan komme og bygge rede. Jesus bruger denne lignelse til at vise troens vækst: Selv om man kun har liden tro, kan den vokse sig stor.

I Matthæusevangeliet 17:20 siger Jesus: *"Sandelig siger jeg jer: Har I en tro så lille som et sennepsfrø, kan I sige til dette bjerg: Flyt dig herfra og derhen! Og det vil flytte sig. Og intet vil være umuligt for jer."* Og som svar på disciplenes ønske om at få en større tro, siger Jesus i Lukasevangeliet 17:6: *"Havde I en tro som et sennepsfrø, kunne I sige til dette morbærtræ: Ryk dig op med rode, og plant dig i havet! Og det ville adlyde jer."*

Man vil måske undre sig over, hvordan man kan flytte et træ eller et bjerg ved at befale med en tro på størrelse med et sennepsfrø. Men ikke så meget som et pennestrøg af Gud ord vil nogen sinde ændrer sig.

Hvad er så den spirituelle betydning af disse vers? Man får tro på størrelse med et sennepsfrø, når man tager imod Jesus og får Helligånden. Denne liden tro vil spire og vokse, når man planter den i hjertets muld. Når den vokser sig til en stor tro, kan man flytte bjerge alene ved at befale det, og man kan manifestere Guds kraftfulde gerning såsom at lade de blinde se, de døve høre, de stumme tale og de døde blive genoplivet.

Det er ikke rigtigt at tænke, at man ikke har tro, fordi man ikke er i stand til at vise gerninger ved Guds kraft, eller fordi man stadig har problemer i familien eller på arbejdet. Man er på vej til det evige liv ved at gå i kirke, lovprise og bede, netop fordi man har tro så lille som et sennepsfrø. Og man er ganske simpelt ikke i stand til at udvise Guds kraftfulde gerning, fordi man stadig kun har liden tro.

Troen, der er så lille som et sennepsfrø, må vokse sig stor nok til at flytte et bjerg. Ligesom man sår et frø og dyrker det, mens det spirer, blomstrer og får frugt, så vil også troen vokse gennem en lignende proces.

Man må have spirituel tro

Det ovenstående gælder også, når man går frem mod det himmelske rige. Man kan ikke komme ind i Ny Jerusalem kun ved at sige: "Ja, jeg tror." Man må belejre himlen skridt for skridt, starte med Paradis og gå frem mod Ny Jerusalem. For at komme til Ny Jerusalem må man have en klar ide om, hvordan man skal komme derhen. Hvis man ikke kender vejen, kan man ikke belejre den, og man vil måske komme til at stå stille på trods af sine anstrengelser.

Israelitterne, som kom ud af Egypten, brokkede sig overfor Moses, og ærgrede sig, fordi de ikke havde nok tro til at dele Rødehavet. Så Moses, som havde tro nok til at flytte bjerge, måtte dette Rødehavet i to. Ikke desto mindre var israelitternes tro i stilstand selv efter at de havde set delingen af Rødehavet.

De lavede en guldkalv og bukkede for den, mens Moses fastede og bad på Sinajs bjerg for at modtage de Ti Bud (Anden Mosebog 32). Derefter blev Gud oprevet og sagde til Moses: *"Lad mig bare tilintetgøre dem med min vrede! Men dig vil jeg gøre til et stort folk"* (vers 10). Israelitterne havde stadig ikke spirituel tro nok til at adlyde Gud, selv om de havde set mange undere og tegn manifesteret gennem Moses.

Til sidst kunne første generation af israelitterne på udvandringens tid ikke komme ind i Kanaan, undtagen Josva og Kaleb. Hvordan var anden generation efter udvandringen med Josva og Kaleb? Så snart præsterne, som bar Guds ark, trådte ud i Jorden floden under Josvas lederskab, holdt vandet op med at flyde og alle israelitterne kunne krydse floden.

I lydighed overfor Guds befaling marcherede de rundt om byen Jeriko i syv dage med høje råb, og så faldt det stærke Jeriko. De oplevede denne vidunderlige gerning af Guds kraft på grund af, at de adlød Josvas ledelse, og han havde tro til at flytte bjerge. Det skyldes ikke fysisk kraft, for det havde de ikke. På dette tidspunkt opnåede israelitterne spirituel tro.

Hvordan kunne Josva have så stærk og stor tro? Han havde arvet erfaring og tro fra Moses, som han havde tilbragt fyrre år sammen med i ørkenen. Ligesom Elisa arvede Elijas' ånd i dobbelt mål ved at følge ham til enden, så var Josva Moses' efterfølger anerkendt af Gud, og blev en mand med stor tro ved at tjene og adlyde Moses den tid, de var sammen. Som resultat udviste han kraftfulde gerninger, og stoppede endda solen og månen (Josvabogen 10:12-13).

Det var det samme med de israelitter, som fulgte Josva. De mennesker fra udvandringens første generation, som var 20 år og derover, havde lidt i fire årtier og døde i ørkenen. Men deres efterfølgere, som fulgte Josva, kunne komme ind i Kanaan, fordi de havde opnået spirituel tro gennem forskellige former for vanskeligheder og prøvelser.

Man må klart forstå den spirituelle tro. Nogle mennesker siger, at de engang havde god tro, for de var loyale tjenere for deres kirke. Men troen er på en eller anden måde forsvundet, og de er ikke længere trofaste. Denne påstand er ikke gyldig, for den spirituelle tro forandres aldrig. Disse mennesker har ikke haft spirituel tro, men tro som viden. Hvis det for alvor havde været spirituel tro, kunne den ikke have forandret sig eller være forsvundet selv efter lang tid.

Lad os sige, at jeg har et hvidt lommetørklæde. Jeg viser dig det og spørger: "'Tror du på, at dette lommetørklæde er hvidt?" Du vil helt sikkert sige: "Ja." Ti år senere viser jeg dig det samme lommetørklæde og spørger: "Dette er et hvidt lommetørklæde, tror du på det?" Hvordan vil du svare? Ingen vil være i tvivl om dets farve eller sige, at det er sort, selv om der er gået lang tid. Det lommetørklæde, som var hvidt for 10 eller 20 år siden, vil stadig være hvidt i dag.

Lad os tage en anden lignelse: Når man tager på pilgrimsrejse til det Hellige Land, ser man mange steder, at der sælges sennepsfrø i konvolutter. Engang købte en mand nogle sennepsfrø og såede dem på marken, men de spirede ikke, for livskræfterne i frøene var døde, fordi de havde ligget for lang tid uden at blive sået.

Selv om man har taget imod Jesus, fået Helligånden og har tro på størrelse med et sennepsfrø, så vil Helligånden forsvinde, hvis man ikke sår frøet i hjertets muld. Derfor advarer Første Thessalonikerbrev 5:19 om følgende: *"Udsluk ikke Ånden."* Selv om troen er så lille som et sennepsfrø, kan den gradvist vokse, når man planter den i hjertets muld og udviser troen i handlinger. Men hvis man ikke lever ved Guds ord gennem lang tid, selv om man har modtaget Helligånden, kan Åndens ild dø ud.

At belejre himlen med spirituel tro

Hvis man har taget imod Jesus Kristus og fået Helligånden, må man leve efter Guds ord. I lydighed overfor ordet må man skille sig af med synder, bede, lovprise, omgås brødre og søstre i Herren, udbrede budskabet og elske andre mennesker.

Troen vil vokse, hvis man kultiverer den på denne måde. Når man omgås brødre i troen vil troen for eksempel vokse, fordi man kan ære Gud ved at dele vidnesbyrd og have sande samtaler med hinanden.

Man vil se, at troen bliver påvirket at de mennesker, man omgås. Hvis forældrene har god tro, vil deres børn sandsynligvis også få det. Hvis ens venner har god tro, vil ens egen tro vokse og komme til at ligne vennernes.

Alligevel bør man væbne sig med Guds ord, og bede uophørligt for at vinde den spirituelle kamp ved at være glad og takke til enhver tid ved hjælp af Gud kraft og autoritet, for den fjendtlige Satan og djævlen forsøger at tage troen.

Så vil selv den tro, der er så lille som et sennepsfrø, vokse sig så stor som et træ med blade og blomster, og den vil bære megen frugt. Man vil ære Gud ved at udvise Helligåndens ni frugter, den spirituelle kærligheds frugter og lysets frugter.

En bonde må udvise stor tålmodighed og arbejde hårdt fra det øjeblik, han sår sine frø, til han høster afgrøderne. Tilsvarende kan vi ikke opnå himlen ved kun at gå i kirke. Vi må også stræbe og kæmpe den spirituelle kamp for at himlen skal blive vores.

Når man forkynder overfor folk, møder man nogle, som siger, at de først vil tjene en masse penge og nyde livet, og så vil de gå i kirke, når de bliver lidt ældre. Hvor er de dog tåbelige! Man ved jo ikke, hvad der vil ske i morgen, eller hvornår Herren vil vende tilbage.

Desuden kan man ikke opnå tro på en dag, og troen vokser ikke over kort tid. Man kan selvfølgelig have tro som viden i den udstrækning, man ønsker. Men man kan kun få gudgiven spirituel tro, når man indser Guds ord og lever brændende ved det.

En bonde sår ikke sæden hvor som helst. Han bringer et stykke gold jord under kultivering og gør det frugtbart. Så sår han sæden og passer den ved at vande, gøde og så videre. Først når afgrøderne vokser godt, vil han være i stand til at høste rigeligt. På samme måde må man så og kultivere sin tro, hvis den er så lille som et sennepsfrø. Så vil den vokse sig så stor som et træ, hvor mange fugle vil bygge deres rede.

"Fuglen" henviser i lignelsen om sædemanden i Matthæusevangeliet 13:1-9 til den fjendtlige djævel, der spiser frøet af Guds ord, som falder på stien.

Men i Matthæusevangeliet 13:31-32 henviser fuglene til

mennesker: *"Himmeriget ligner et sennepsfrø, som en mand tog og såede i sin mark. Det er mindre end alle andre frø, men når det vokser op, er det større end alle andre planter og bliver et helt træ, så himlens fugle kommer og bygger rede i dets grene."*

Ligesom mange fugle vil komme og bygge rede i et stort træ, vil mange mennesker være i stand til at hvile spirituelt i et menneske, som har en fuldstændig tro, for denne person vil dele sin tro og styrke med dem ved Guds nåde.

Jo mere hellig man bliver, jo mere spirituel tro og dyd vil man have. Som resultat vil man tage vare på mange mennesker, og dette er en genvej til at gå kraftfuldt frem mod himlen.

Jesus siger i Matthæusevangeliet 5:5: *"Salige er de sagtmodige, for de skal arve jorden."* Denne passage lærer os, at jo mere troen vokser, og jo mere sagtmodig man bliver, jo større del af himlen vil man arve.

Forskellig glans i himlen afhængig af troens niveau

Apostelen Paulus kommenterer følgende om vores genopstandelse i Første Korintherbrev 15:41: *"Solen og månen og stjernerne har hver sin glans, og stjerne adskiller sig fra stjerne i glans."* Alle vil få forskellige mål af glans i himlen, for Gud tilbagebetaler enhver i overensstemmelse med, hvad han har gjort.

Her henviser "solens glans" til den glans, som de fuldstændig hellige og betroede i Guds hus vil modtage. "Månens glans" henviser til glansen for mennesker, som ikke helt når solens pragt, og "stjernens glans" henviser til glansen for mennesker, som har svagere tro end dem med månens glans.

At "stjerne adskiller sig fra stjerne i glans", betyder, at ligesom hver stjerne har forskellig klarhed, vil hver af os modtage forskellige belønninger og himmelsk rang efter genopstandelsen, selv om vi kommer til samme type af bolig i himmeriget.

På denne måde fortæller Bibelen os, at vi hver især vil have forskellig glans, når vi kommer i himlen efter vores genopstandelse. Det får os til at indse, at vores himmelske bolig og vores belønninger vil være forskellige alt efter hvor megen spirituel tro, vi har opnået ved at skille os af med synder, og i hvor høj grad vi er trofaste overfor Guds rige, mens vi er i denne verden.

Men folk er onde og dovne med hensyn til at skille sig af med synder og være trofaste overfor deres pligter, og de vil ikke være i stand til at komme i himlen, men vil i stedet blive smidt ud i mørket (Matthæusevangeliet 25). Man må derfor gå kraftfuldt frem mod den smukke himmel med tro.

Hvordan man går frem mod himlen

Mennesker i denne verden bruger hele deres liv på at optjene rigdom, som de ikke kan besidde til evig tid. Nogle mennesker arbejder hårdt for at købe et hus ved at spænde livremmen ind, mens andre studerer flittigt uden at sove nok, sådan at de kan få gode job. Hvis folk gør deres bedste for at få bedre liv i denne verden, som kun varer ganske kort, skulle de så ikke også anstrenge sig endnu mere for det evige liv i himlen? Lad os undersøge nærmere, hvordan vi kan gå frem mod himlen.

For det første må man adlyde Guds ord. Han tilskynder os til fortsat at arbejde på vores frelse med frygt og bæven (Filipperbrevet 2:12). Den fjendtlige Satan og djævlen vil stjæle vores tro, hvis vi ikke er vågne. Derfor bør man anse Guds ords som *"sødere end honning, mere flydende end honning"* (Salmernes Bog 19:11), og adlyde det. Man vil ikke blive frelst bare ved at kalde Jesus: "Herre, Herre", men først når man handler i overensstemmelse med Guds vilje med Helligåndens hjælp.

For det andet må man iføre sig Guds fulde rustning. For at være stærk i Herren i hans store magt, og stå imod djævlens snigløb, må man iføre sig Guds fulde rustning. Man kæmper ikke mod kød og blod, men mod myndigheder og magter, mod de mørke kræfter i denne verden og mod ondskabens åndemagter i himmelrummet. Derfor er det først, når man har iført sig Guds fulde rustning, at man vil være i stand til at stå fast på den onde dag, overvinde alt og bestå (Efeserbrevet 6:10-13).

Man må derfor stå fast, spænde sandheden som at bælte om lænden og iføre sig retfærdigheden som en brynje. Villigheden til at gå frem med fredens evangelium skal være som sko på fødderne. Overalt skal man løfte troens skjold, hvormed man kan slukke alle den Ondes brændende pile. Man skal gribe frelsens hjelm og Åndens sværd, som er Guds ord. Og under stadig bøn og anråbelse skal man bede i Ånden (Efeserbrevet 6:14-18). Boligen i himlen vil blive bestemt af, i hvor høj grad man ifører sig Guds fulde rustning, og i hvor høj grad man overvinder den fjendtlige Satan og djævlen.

For det tredje skal man til enhver tid have spirituel kærlighed. Med tro vil man være i stand til at komme i himlen, og med håb om himlen vil man hvile i sandheden. Med kærlighedens kraft vil man også være i stand til at blive hellig og trofast overfor alle sine pligter.

Desuden er man i stand til at komme ind i Ny Jerusalem, som er det smukkeste sted i himlen, når man opnår perfekt kærlighed. Man må opnå den perfekte kærlighed for at få bolig i Ny Jerusalem, hvor Gud er, for han er kærlighed.

Som apostelen Paulus fortæller os i Første Korintherbrev 13:13: *"Så bliver da tro, håb og kærlighed, disse tre. Men størst af dem er kærligheden."* Man må gå frem mod himlen med spirituel kærlighed. Desuden må man vide, at ens bolig i himlen vil blive bestemt efter, i hvor høj grad man opnår kærligheden.

3. Forskellige boliger og kranse

Mennesker i den tredimensionelle verden kan ikke kende til himlen, som er en del af den firedimensionelle verde. Men som et menneske med tro kan man blive opløftet og fyldt med glæde bare ved at høre ordet "himlen", for det himmelske rige er det hjem, hvor man vil leve til evig tid. Hvis man lærer detaljeret om himlen, vil sjælen trives, og troen vil vokse hurtigere, for man vil være fuld af håb om det himmelske rige.

I himlen er der mange boliger, som Gud har forberedt til sine børn (Femte Mosebog 10:14; Første Kongebog 8:27; Nehemias' Bog 9:6; Salmernes Bog 148:4; Johannesevangeliet 14:2). Hver enkelt vil få tildelt en bolig alt efter målet af tro, og da Gud er retfærdig, lader han os høste, som vi sår (Galaterbrevet 6:7), og han belønner os i overensstemmelse med det, vi har gjort

(Matthæusevangeliet 16:27; Johannesåbenbaringen 2:23).

Som jeg allerede har nævnt, er himlens rige inddelt i forskellige steder såsom Paradis, det Første Rige, det Andet Rige og det Tredje Rige, hvor Ny Jerusalem ligger. Guds trone står i Ny Jerusalem, ligesom den officielle residens for Koreas præsident, Cheong Wa Dae, ligger i hovedstaden Seoul, og den officielle residens for præsidenten for de forenede stater, det Hvide Hus, ligger i Hovedstaden Washington D.C.

Bibelen fortæller os også om forskellige slags kranse, som vil blive givet som belønning til Guds børn. De missioner, som vil få den største belønning, er at bringe nye sjæle til Herren og at bygge hans kirke.

Der er flere måder til at bringe sjæle til Herren. Man kan være med til at forkynde for folk, man kan hjælpe ved at give gaver, eller man kan indirekte forkynde ved trofast at arbejde for Guds rige gennem sine talenter. De indirekte måder til at bringe sjæle til Herren er vigtige i forhold til at øge Guds rige, ligesom enhver del af krop er uundværlig.

Ikke desto mindre vil den direkte deltagelse i forkyndelsen og i bygningen af en kirke, hvor folk kan samles for at tilbede Gud, få en større belønning, for dette svarer til at lindre Jesu tørst og betale tilbage for hans blod.

Der er forskellige måder, hvorpå man kan gøre sig fortjent til en krans i himlen, og der er forskel på deres værdi. Man vil være i stand til at se målet af en persons hellighed, belønning og himmelske bolig ud fra deres krans, ligesom man tidligere var i stand til at bedømme en persons sociale status ud fra deres påklædning.

Lad os se nærmere på forholdet mellem målet af tro, himmelsk bolig og krans.

Paradis er for mennesker på troens første niveau

Paradis er det ydmygeste sted i himlen, og dog er det et utænkelig glædesfyldt, lykkeligt, smukt og fredfyldt sted sammenlignet med denne verden. Desuden må det være et vidunderligt sted ud fra den betragtning, at der ikke er nogen synd overhovedet! Paradis er et meget bedre sted end Edens have, hvor Gud lod Adam og Eva være, efter at han havde skabt dem.

Paradis er et smukt sted, som gennemløbes af Livets Fold, der udspringer ved Guds trone og flyder gennem det Tredje Rige, det Andet Rige og det Første Rige. Ved flodens breder står livets træ, som bære tolv frugter, og giver frugt hver måned (Johannesåbenbaringen 22:2).

Paradis er for dem, som har taget imod Jesus Kristus, men som ikke har udført troens gerninger. Det vil sige, at mennesker, som er på troens første niveau, og som kun med nød og næppe har opnået frelse, kommer i Paradis. Der gives hverken kranse eller belønninger til dem, for de har ikke udvist troens gerninger.

Vi ser i Lukasevangeliet 23:43 at Jesus under sin korsfæstelse siger til den kriminelle, som hænger ved hans side: *"Sandelig siger jeg dig: I dag skal du være med mig i Paradis."* Det betyder ikke nødvendigvis, at Jesus kun er i Paradis. Han er alle steder i himlen, for han er himlens hersker. Man kan også læse i Bibelen, at Jesus efter sin død tog til den øvre grav, og ikke til Paradis.

I Efeserbrevet 4:9 spørges der: *"Men at han er steget op, hvad andet betyder det, end at han også er steget ned til den lave jord?"* I Første Petersbrev 3:18-19 finder vi også: *"For også Kristus led én gang for menneskets synder, som retfærdig led han for uretfærdiges skyld for at føre jer til Gud. Han blev dræbt i kødet, gjort levende i Ånden, og i den gik han til de ånder, der var i fængsel; og prædikede for dem."* Med andre ord tog Jesus til den øvre grav og prædikede budskabet, for derefter at genopstå på tredjedagen.

Når Jesus sagde: *"I dag skal du være med mig i Paradis"*, betød det derfor, at han forudså, at den kriminelle ville blive frelst og komme i Paradis. Forbryderen opnåede med nød og næppe en skamfuld frelse og kom i Paradis, for han tog først imod Jesus lige før sin død, og han gjorde ikke noget for at kæmpe mod sine synder eller for at udføre sin pligt for Guds rige.

Det Første Rige i himlen

Hvilken slags sted er himlens Første Rige? Ligesom der er stor forskel på livet i Paradis og i denne verden, er det Første Rige uden sammenligning et langt lykkeligere og mere glædesfyldt sted end Paradis.

Man kan sammenligne lykken hos en person i det Første Rige med en guldfisks lykke, når den er i sit akvarium. Tilsvarende kan lykken hos en person i det Andet Rige sammenlignes med en hvals lykke i det enorme Stillehav. Ligesom en guldfisk føler sig bedst tilpas og mest lykkelig i sit akvarium, vil en person i det Første Rige føle sig tilfreds med at være der, og opleve sand lykke.

Når man ved, at der er forskellige mål af lykke i de forskellige boliger i himlen, kan man så forestille sig, hvor vidunderligt livet vil være i Ny Jerusalem, hvor Guds trone står? Det vil være strålende, smukt og forbløffende hinsides hvad som helst, man kan forestille sig. Derfor bør man flittigt øge sin tro med håb om Ny Jerusalem uden at stille sig tilfreds med at komme i Paradis eller det Første Rige.

Hvis man bliver Guds barn ved at tage imod Jesus Kristus som sin frelser, kan man med Helligåndens hjælp hurtigt nå troens andet niveau, hvor man forsøger at leve efter Guds ord. På dette stadie anstrenger man sig for at overholde hans ord i den udstrækning, man har lært det, men man gør det stadig ikke fuldstændigt.

Det er ligesom en baby, som endnu ikke er et år gammel. Han forsøger at stå, men falder ustandseligt. Efter mange forsøg kan han endelig holde balancen, forsøge at gå, og til sidst endda begynde at løbe. For moderen er det vidunderligt, at hendes baby udvikler sig på denne måde.

Det samme gælder for troens stadier. Ligesom babyen forsøger at stå, gå og løbe, fordi han er et levende væsen, vil troen, som også er levende, stræbe efter at nå det andet, og senere det tredje trosniveau. Gud lader dermed de mennesker, som har tro på andet niveau komme i det Første Rige, fordi han elsker dem.

En krans, som ikke visner

Man vil modtage en krans i det Første Rige i himlen. Der er flere former for kranse, ligesom himlen er opdelt i flere forskellige boliger: en krans, som ikke visner, herlighedens sejrskrans, livets sejrskrans, en krone af guld og retfærdighedens sejrskrans. De personer, som kommer i det Første Rige, vil modtage en krans, som ikke visner.

Der står i Andet Timotheusbrev 2:5-6: *"Ingen idrætsmand vinder sejrskransen, hvis han ikke følger reglerne. Den bonde, der har sliddet, bør have først af høsten."* Ligesom vi modtager løn for vores arbejde i denne verden vil vi også blive belønnet, når vi går ad den smalle vej til himlen.

En idrætsmand modtager en guldmedalje eller en krans af laurbær, når han har deltaget i overensstemmelse med reglerne og vinder. På samme måde vil man modtage en krans, når man følger Guds ord og går frem mod himlen med kraft.

Jesus siger: *"Ikke enhver, som siger: Herre, Herre! til mig, skal komme ind i Himmeriget, men kun den, der gør min himmelske faders vilje"* (Matthæusevangeliet 7:21). Selv om nogen hævder at tro på Gud, vil han ikke få nogen krans, hvis han ignorerer den spirituelle lov, Guds lov, for hans tro er kun viden, og han er ligesom en idrætsmand, der ikke følger reglerne.

Men selv om man har svag tro, kan man få tildelt en krans, der ikke visner, hvis bare man forsøger at deltage i løbet i overensstemmelse med Guds regler. Man vil modtage en krans, der ikke visner, for det bliver anerkendt, at man har deltaget og fulgt reglerne.

Det løb, man deltager i, er den spirituelle kamp mod den fjendtlige djævel og synden. Og belønningen, som man får, hvis man vinder løbet, er en krans, der ikke visner.

Lad os sige, at en person kun deltager i gudstjenesten søndag morgen, og derefter mødes med sine venner om eftermiddagen. I så fald kan vedkommende ikke få en krans, som ikke visner, for denne person har allerede tabt kampen mod den fjendtlige Satan og djævlen.

I Første Korintherbrev 9:25 står der følgende: *"Men enhver idrætsmand er afholdende i alt – de andre for at få en sejrskrans, der visner, men vi for at få en, der ikke visner."*

På samme måde som alle, der deltager i et løb, træner strengt og følger reglerne, bør vi også træne strengt og leve efter Guds vilje for at komme i himlen. Når vi ser, at Gud endda giver en krans, som ikke vil visne, til alle dem, som forsøger at leve efter hans lov i denne verden, og at han ser deres anstrengelser, forstår vi hvor stor, Guds kærlighed er!

Til forskel fra Paradis vil man altså modtage belønning i det Første Rige. De personer, som kommer i det Første Rige får belønninger og ære i Herrens navn på grund af de anstrengelser, de har gjort sig for Guds rige.

Det Andet Rige

Himlens Andet Rige er et niveau højere end det Første Rige. Folk på det tredje niveau af troen, som lever efter Guds ord, kan komme i det Andet Rige.

Rundt om Koreas hovedstad Seoul er der forstæder, og udenom disse provinsen. På samme måde er Ny Jerusalem placeret midt i det Tredje Rige, og rundt om det Tredje Rige ligger det Andet Rige, det Første Rige og Paradis. Det betyder naturligvis ikke, at de himmelske boliger er fordelt på samme måde som byerne i denne verden.

Med vores begrænsede menneskelige viden kan vi ikke forstå den vidunderlige og mystiske måde, hvorpå himlen er opbygget. Man må forsøge at forstå så meget som muligt, men man kan ikke forstå det fuldt ud, selv om man forsøger at danne sig et billede ved hjælp af tanker og forestillinger. Man forstår mere, efterhånden som ens tro vokser, for himlen kan ikke forklares ud fra noget i denne verden.

Kong Salomon, som havde stor velstand, fremgang og magt, klagede sig på sine gamle dage: *"Endeløs tomhed, sagde Prædikeren, endeløs tomhed, alt er tomhed. Hvad udbytte har et menneske af alt, hvad det slider under solen?"* (Prædikerens Bog 1:2-3).

I Jakobsbrevet 4:14 bliver vi også mindet om følgende: *"I som ikke aner, hvordan jeres liv er i morgen; I er jo kun en tåge, som ses en kort tid og så svinder bort."* Velstand og fremgang i denne verden vil kun vare kort tid, og så forgå.

Sammenlignet med det evige liv, er det liv, vi lever nu kun en tåge, som er der en kort stund og derefter forsvinder. Men den krans, som Gud giver, er evig og uforgængelig, og er dermed en skøn og værdifuld belønning, som vil være kilde til evig stolthed.

Så hvor meningsløst vil livet ikke være, hvis man ikke ærer Gud, mens man bekender sin tro på ham! Men hvis en person er på troens tredje niveau, er det fordi han har gjort alt med oprigtighed, og han vil ofte høre sine naboer sige: "Efter at have set dig, burde jeg selv begynde at gå i kirke!"

På denne måde ærer han Gud, og det er derfor Gud belønner ham med en sejrskrans.

Herlighedens sejrskrans

I Første Petersbrev 5:2-4 finder vi Guds formaning til os:

> *"Vær hyrder for Guds hjord hos jer, vogt den, ikke af tvang, men frivilligt, som Gud vil det, ikke for ussel vindings skyld, men glad og gerne. Gør jer ikke til herskere over dem, I har ansvaret for, men vær forbilleder for hjorden; og når hyrden over alle hyrder åbenbares, skal I få herlighedens uvisnelige sejrskrans."*

Hvis man kommer ind på troens tredje niveau, udstråler man Kristi aroma, for ens tale og adfærd forandre sig sådan, at man bliver verdens lys og salt, efterhånden som man skiller sig af med sine syner ved at modstå dem, så det koster blod. Hvis et menneske, som tidligere let blev vred og talte andre imod, nu bliver blid og kun taler godt om andre, vil hans naboer sige: "Han har ændret sig meget, efter at han er blevet kristen." På denne måde vil Gud blive æret gennem dette menneske.

Herlighedens uvisnelige sejrskrans vil derfor blive tildelt den, som bliver et godt eksempel for sin hjord, for han ærer Gud ved flittigt at skille sig af med sine synder og være trofast overfor sine gudgivne pligter i denne verden. Det, som vi gør i Herrens navn, og det, som vi har gjort for at opfylde vores forpligtelser, vil vi høste i himlen i form af belønninger.

Denne verdens ære vil rådne, men den ære, man giver til Gud, vil aldrig falme, og den vil komme igen som herlighedens uvisnelige sejrskrans.

Til tider vil man måske spørge sig selv: "Denne person burde være perfekt i alle henseender og have Herrens indstilling, for han er meget trofast overfor Guds gerning. Så hvorfor har han stadig ondt i sig?"

I dette tilfælde er der tale om en person, der endnu ikke er fuldstændig hellig, men som kæmper mod sine synder. Han ærer dog Gud ved at gøre sit bedste for at fuldføre sin pligt. Derfor vil han få herlighedens uvisnelige sejrskrans.

Hvorfor kaldes den så "herlighedens sejrskrans"? De fleste mennesker modtager en belønning mindst en eller to gange i livet. Jo større belønning mod modtager, jo mere glad og stolt bliver man. Men når man ser tilbage efter et stykke tid, kan man føle, at denne verdens ære er værdiløs. Duelighedsbeviset bliver hurtigt et gammelt slidt stykke papir, trofæet dækkes med støv, og det minde, der engang har været så tydeligt, bliver svagt.

Men den ære, man modtager i himlen, vil derimod aldrig forandres. Det er derfor Jesus fortæller os følgende: *"Men saml jer skatte i himlen, hvor hverken møl eller rust fortærer, og hvor tyve ikke bryder ind og stjæler"* (Matthæusevangeliet 6:20).

"Herlighedens sejrskrans" adskiller sig dermed fra kranse i denne verden ved at dens herlighed og stråleglans vil være evig. Forestil dig, at selv en krans i himlen er evig og uforgængelig, og tænk så på, hvor perfekt alt andet må være.

Hvordan vil mennesker på de mere ydmyge steder i himlen såsom Paradis og det Første rige så have det, hvis de får besøg af en person, som bærer herlighedens sejrskrans? I himlen vil mennesker i de mere ydmyge boliger elske og beundre personer med en højere position af hjertets grund. De vil bukke for ham uden at løfte deres øjne ligesom undersåtter bukker for kongen.

Folk vil ikke hade en person eller blive jaloux eller misundelige på ham, for der er ingen ondskab i himlen. I stedet vil folk se på ham med respekt og kærlighed. I himlen føler man sig hverken utilpas eller stolt uanset om man bukker i respekt eller modtager respekt fra andre, fordi man lever i en højerestående bolig. Folk viser simpelthen deres respekt og byder andre velkommen med kærlighed, og anser hinanden for værdifulde individer.

Det Tredje Rige

Himlens Tredje Rige er for dem, som lever fuldkommen efter Guds ord, og har martyriets tro. De anser deres liv for at være uden værd, for det vigtigste er kærligheden til Gud. Mennesker på det fjerde trosniveau er parate til at dø for Herren.

Mange kristne blev dræbt i Chosun dynastiets sidste dage i Korea. Under denne tid var der voldsomme forfølgelser og undertrykkelse af kristendommen. Regeringen udlovede endda belønninger til dem, som oplyste, hvor de kristne opholdt sig. Men missionærer fra USA og Europa udbredte budskabet endnu mere brændende uden at frygte døden. Mange mennesker blev dræbt for at budskabet kunne blomstre, sådan som vi ser det i dag.

Hvis man vil være missionær i et andet land, bør man have martyriets tro. Selv om man vil gennemgå lidelser, når man arbejder som missionær i et fremmed land, vil man arbejde med glæde og taknemmelighed fordi man ved, at ens lidelser og smerte vil blive rigeligt belønnet i himlen.

Nogle vil måske tænke: "Jeg bor i et land, hvor der ikke er forfølgelser, for der er religionsfrihed her. Men jeg er frygtelig ked af, at jeg ikke kan dø for Guds rige, selv om jeg har tilstrækkelig tro til at dø martyrdøden." Dette er dog ikke sandt. Nu om stunder er det ikke nødvendigt at dø som martyr for at sprede budskabet på samme måde som i kirkens tidlige dage.

Der må naturligvis være martyrer, hvis det er nødvendigt. Men hvis man arbejder for Gud med tro til at ofre selv sit liv, vil han så ikke være ovenud tilfreds, også selv om man ikke dør martyrdøden?

Desuden vil Gud ransage hjertet og se, hvilken slags tro man udviser for budskavet i livstruende situationer; Han kender dybten og kernen i vores hjerter. Og det er muligvis mere værdifuldt at leve som en levende martyr, som en gammel talemåde siger: "Det er sværere at leve end at dø."

I vores hverdagsliv kan vi støde på mange tilfælde af liv og død, hvor det er påkrævet at have martyrtro. For eksempel er det umuligt at faste og bede dag og nat uden en stærk beslutning og tro, for man faster og beder for at få Guds svar med risiko for at miste livet. Hvisken slags mennesker er det så som kommer i det Tredje Rige i himlen? Det er dem, som er fuldt ud hellige.

I kirkens tidlige dage, hvor der var mange mennesker, som var rede til at dø for Kristus, var der sikkert også mange, som var kvalificerede til at komme i det Tredje Rige. Men i dag er der kun meget få mennesker, som er kendetegnet ved at skille sig af med deres synder, der kan komme i det Tredje Rige, for der er megen ondskab på jorden.

De mennesker, der har tro som fædre, kan komme i det Tredje Rige, for de har skilt sig af med alle synder ved at gennemgå prøvelser og vanskeligheder, er blevet fuldt ud hellige, og er trofaste indtil døden. Gud anser den for yderst værdifulde, og lader engle og den himmelske skare vogte dem, samt dækker dem med skyer af herlighed.

Livets sejrskrans

Hvilken slags krans vil mennesker i det Tredje Rige få? De vil blive tildelt livets sejrskrans, som Jesus lover i Johannesåbenbaringen 2:10: *"Vær tro til døden, og jeg vil give dig livets sejrskrans."*

Det at være "tro" betyder ikke alene, at man skal være trofast overfor sine pligter i kirken. Det er ekstremt vigtigt at skille sig af med enhver form for ondskab ved at kæmpe mod synderne til det koster blod uden at gå på kompromis med verden. Når man opnår et rent og helligt hjerte ved at kæmpe mod synderne på denne måde, vil man modtage livets sejrskrans.

Livets sejrskrans vil også blive givet til dem, som sætter livets på spil for naboer og venner, og dem, som holder ud, når de prøves (Johannesevangeliet 15:13; Jakobsbrevet 1:12).

Når folk udsættes for prøvelser, er mange af dem modstræbende overfor at holde ud, og har ikke et taknemmeligt hjerte. De bliver vrede eller beklager sig overfor Gud.

Hvis man omvendt kan overkomme prøvelser med glæde, kan man blive regnet for fuldt ud hellig. Den, som elsker Gud højt, vil være tro indtil døden og overkomme alle prøvelser med glæde.

Desuden er der stor forskel på folks livskvalitet afhængig af, om de er på første, andet, tredje eller fjerde trosniveau. Det onde kan ikke skade en person på det fjerde trosniveau. Selv om han bliver angrebet af sygdom, vil han straks blive bevidst om det. Så lægger han hånden på den syge del af sin krop, og snart går sygdommen væk. Desuden kan igen sygdom ramme en person, som er på femte trosniveau, for herlighedens lys indkranser ham til enhver tid.

Guds hovedformål med at kultivere mennesket på jorden er at få sande børn, som kan komme i det Tredje Rige og derover. Enhver bolig i himlen er smuk og behagelig at leve i, men den egentlige himmel er det Tredje Rige og derover, hvor kun Guds hellige og perfekte børn kan komme ind og bo. Det er et område for sig for Guds sande børn, som har levet efter Guds vilje. De vil der være i stand til at møde Gud ansigt til ansigt.

Da kærlighedens Gud ønsker, at alle skal komme i det Tredje Rige i himlen eller derover, hjælper han os med at blive hellige gennem Helligånden, som giver os hans nåde og kraft, når vi beder flittigt og hører livets ord.

Ordsprogenes Bog 17:3 fortæller os følgende: *"Der skal en smeltedigel til sølv og smelteovn til guld, men det er Herren, der ransager hjerterne."* Gud raffinerer hver af os for at gøre os til hans sande børn.

Jeg håber, at du hurtigt må blive hellig ved at skille dig af med synder ved at kæmpe mod dem, til det koster blod, og ved at have den perfekte tro, som Gud ønsker, at vi skal have.

Ny Jerusalem

Jo mere man ved om himlen, jo mere forunderlig vil man synes, den er. Ny Jerusalem er det smukkeste sted i himlen og den huser Guds trone. Nogle vil måske have den misforståelse, at alle frelste sjæle vil leve i Ny Jerusalem, eller at hele himlen er Ny Jerusalem.

Det er dog ikke tilfældet. I Johannesåbenbaringen 21:16-17 er Ny Jerusalems mål optegnet: Længde, bredde og højde er hver især ca. 2400 km. Dens omkreds er omkring 8800 km. Området er dermed lidt mindre end Kina.

Himlen ville blive overfyldt med alle de frelste sjæle, hvis Ny Jerusalem var hele himlen. Men himlens rige er utænkeligt stort, og Ny Jerusalem er kun en del af det.

Hvem vil så være kvalificeret til at komme ind i Ny Jerusalem?

"Salige er de, der har vasket deres klæder, så de får ret til livets træ og går gennem portene ind i byen" (Johannesåbenbaringen 22:14).

Her henviser "klæder" til hjerte og handlinger, og "at vaske sine klæder" betyder, at man har forberedt sig som Jesu Kristi brud med god opførsel og kontinuerlig renselse af hjertet.

"Retten til livets træ" betyder at man vil blive frelst ved troen og komme i himlen. At "gå gennem portene ind til byen" betyder at man vil gå gennem portene til hvert af himlens riger i overensstemmelse med troens vækst. Det vil sige, at i den udtrækning man er hellig, vil man være i stand til at komme tættere på den hellige by, hvor Guds trone står.

Man er dermed kun i stand til at komme i Ny Jerusalem, når man er på troens femte niveau, hvor man behager Gud ved at være fuldt ud hellig og trofast overfor alle sine pligter. En tro, som behager Gud, er den slags tro, som er overbevisende nok til at bevæge Guds hjerte og lade ham spørge dig: "Hvad kan jeg gøre for dig?", selv om man ikke beder ham om noget. Det er den perfekte tro, den tro, som fik Jesus Kristus til at opfører sig efter Guds hjerte på alle måder.

Jesus var Gud af natur, men han anså det ikke for muligt at blive lige med Gud. Han gjorde sig ydmyg og påtog sig tjenerens natur. Desuden var han lydig indtil døden (Filipperbrevet 2:6-8).

Derfor ophøjede Gud ham til det højeste sted og gav ham navnet over alle navne (Filipperbrevet 2:9), æren at side ved Guds højre sige og autoritet til at være kongernes Konge, og herrernes Herre.

For at komme ind i Ny Jerusalem bør man være lydig, så det koster blod, ligesom Jesus, hvis det er Guds vilje. Nogle vil måske spørge sig selv: "Jeg tror, at det ligger ud over mine evner at være lydig til døden. Er jeg så i stand til at komme op på femte trosniveau?"

En sådan bekendelse kommer uden tvivl af svag tro. Når man har lært om Ny Jerusalem vil man ikke længere komme med sådanne udtalelser, for man vil få mere håb om det evige liv i et så smukt sted.

Jeg vil nu kort beskrive nogle karakteristika og herligheden ved Ny Jerusalem. Slip forestillingsevnen fri og nyd lykken og det charmerende sceneri i den hellige by.

Ny Jerusalems skønhed

Ligesom en brud forbereder sig for at være smuk og elegant, når hun møder sin brudgom, så forbereder og dekorerer Gud Ny Jerusalem på smukkeste måde. Bibelen beskriver dette i Johannesåbenbaringen 21:10-11:

"Og englen førte mig i Ånden op på et stort, højt bjerg og viste mig den hellige by, Jerusalem, der kom

ned fra himlen, fra Gud, med Guds herlighed. Dens stråleglans er som den dyreste ædelsten, som krystalklar jaspis."

Der ud over er murerne lavet af jaspis og bymuren har tolv grundsten. De tolv porte er lavet af tolv perler, hver port af en enkelt perle, og hovedgaven i byen er af det rene guld, ligesom gennemsigtigt glas (Johannesåbenbaringen 21:11-21).

Hvorfor har Gud beskrevet i detaljer, hvordan gaderne og murerne er i denne by? I denne verden anser folk guld for at være det mest værdifulde, og stræber efter at besidde det. Folk foretrækker guld, fordi det ikke alene er dyrebart, men også fastholder sin værdi som tiden går.

Men i Ny Jerusalem er selv de gader, som folk går på, lavet af guld, og bymurerne er lavet af forskellige juveler. Kan du forestille dig, hvor smukt, der må være inden for byens mure? Det er derfor, Gud beskriver vejene og murerne på denne måde.

Der er ikke behov for, at solen eller lamper skinner på byen, for Guds lys skinner, og der vil aldrig være nat. Floden med livets vand, der er klart som krystal, flyder fra Guds og lammets trone, og løber ned midt gennem byens hovedgade.

På begge sider af floden er der strande med guld- og sølvsand, og livets træ, som bærer tolv frugter, giver frugt hver måned. Folk spadsere rundt i haverne, som Gud har dekoreret med forskellige træer og blomster. Overalt er byen fuldt med lykke og fred på grund af vor Herre Jesu Kristi strålende lys og kærlighed, som ikke kan beskrives fyldestgørende med ord fra denne verden.

Bare ved at se de strålende og storslåede scener dér vil man komme i ekstase: Palæer, som er lavet af guld og juveler, og gennemsigtige, klare og forblindende veje af guld. Det er en verden, som man slet ikke kan forestille sig, og dens herlighed og værdighed kan ikke ses tilsvarende.

"Og byen har ikke brug for sol eller måne til at skinne i den, for Guds herlighed oplyser den, og Lammet er dens lys" (Johannesåbenbaringen 21:23).

"Og jeg så en ny himmel og en ny jord. For den første himmel og den første jord forsvandt, og havet findes ikke mere. Og den hellige by, det ny Jerusalem, så jeg komme ned fra himlen fra Gud, rede som en brud, der er smykket for sin brudgom (Johannesåbenbaringen 21:1-2).

Og hvem er den smukke hellige by da forberedt til? Gud har lavet Ny Jerusalem til hans sande børn, som er hellige og perfekte som ham selv. Det er derfor Gud tilskynder os til at blive fuldt ud hellige, og siger: *"Hold jer fra det onde i enhver skikkelse"* (Første Thessalonikerbrev 5:22), *"I skal være hellige, for jeg er hellig"* (Første Peterbrev 1:16), og *"Så vær da fuldkomne, som jeres himmelske fader er fuldkommen!"* (Matthæusevangeliet 5:48).

Men selv om folk er fuld ud hellige, er der nogle, der vil komme i Ny Jerusalem, mens andre vil forblive i det Tredje Rige i himlen afhængig af, i hvor høj grad deres hjerte minder om Herrens, og hvor meget de har opnået med deres gerninger. Mennesker, som kommer i Ny Jerusalem er ikke alene hellige, men behager også Gud ved at efterligne hans hjerte og adlyde hans vilje indtil døden.

Lad os sige, at der i en familie er to sønner. En dag kommer faderen tilbage fra arbejde og siger, at han er tørstig. Den ældste søn ved, hvad hans fader foretrækker at drikke, så han bringer sin far et glas sodavand. Desuden masserer han faderen og hjælper ham med at slappe af. Den yngste søn bringer derimod faderen et glas vand og går tilbage til sit værelse. Hvem af de to får faderen til at føle sig bedst tilpas og mest tilfreds? Uden tvivl den ældste søn.

På samme måde er der forskel på dem, som kommer i Ny Jerusalem og dem, som kommer i himlens Tredje Rige med hensyn til i hvor høj grad de behager Gud, og hvor trofaste de har været i alle forhold med hensyn til at efterligne Guds hjerte.

Jesus beskriver troen på det femte niveau som tro, der behager Gud, for at få os til at forstå Guds vilje på et dybere plan. Gud fortæller os, at han behages af mennesker, som bliver hellige gennem deres tro. Han siger, at han glæder sig over dem, som er ivrige efter at frelse mennesker ved at sprede budskabet. Og han siger, at de som øger hans rige og retfærdighed med troskab, er elskelige i hans øjne.

Kronen af guld eller retfærdighedens sejrskrans

Folk som kommer i Ny Jerusalem vil blive tildelt kronen af guld eller retfærdighedens sejrskrans. Disse kroner er de mest vidunderlige i himlen, og de bæres kun ved særlige lejligheder såsom ved store fester.

I Johannesåbenbaringen 4:4 står der: *"Og rundt om tronen stod fireogtyve troner, og på tronerne sad fireogtyve ældste i hvide klæder og med guldkrone på hovedet."* Fireogtyve ældste er egnede til at sidde rundt om Guds trone. Her henviser ordet "ældste" ikke til de personer, som har denne position i deres kirke, men til mennesker, som anerkendes for at have fulgt Guds hjerte. De er fuldt ud hellige og har både bygget synlige kirker i verden og usynlige kirker i deres hjerter.

I Første Korintherbrev 3:16-17 fortæller Gud os, at hans Ånd tager vores hjerter som tempel. Derfor vil han "ødelægge" enhver, som kaster skam over hans tempel. At bygge en usynlig kirke i sit hjerte er at blive et åndeligt menneske, som skiller sig af med sine synder, og at bygge en synlig kirke er at fuldføre sin pligt i denne verden.

Antallet "fireogtyve" (fra de fireogtyve ældste) står for alle de mennesker, som ikke alene kommer gennem frelsens port ved tro som Israels tolv stammer, men som også er fuldstændig hellige ligesom Jesu tolv apostle. Når man bliver anerkendt som Guds barn ved troen, kommer man blandt Israels folk, og man vil desuden være i stand til at komme i Ny Jerusalem, hvis man er hellig og trofast som Jesu tolv disciple. De fireogtyve ældste symboliserer mennesker, som er fuldt ud hellige, fuldstændig trofaste overfor deres pligter og som anerkendes af Gud. Han belønner dem med kroner af guld, fordi de har en tro, der er så dyrebar som det pureste guld.

Gud giver desuden retfærdighedens sejrskrans til mennesker, som ikke alene skiller sig af med deres synder, men som også fuldfører deres pligter til hans tilfredshed med en tro, som behager Gud, ligesom apostelen Paulus. Paulus overvandt mange vanskeligheder og forfølgelser for retfærdigheden. Han gjorde sig enhver anstrengelse og udholdt alt med tro for at opnå Guds rige og retfærdighed, om end han spiste eller drak, eller hvad han end gjorde. Paulus herliggjorde Gud og viste hans magt, hvor som helst han gik. Det var derfor, han med sikkerhed kunne hævde følgende: *"Nu har jeg retfærdighedens sejrskrans i vente, som Herren, den retfærdige dommer, på den dag vil give mig – og ikke alene mig, men alle dem, som har glædet sig til hans tilsynekomst"* (Andet Timotheusbrev 4:8).

Vi har undersøgt himlen, hvordan man kan gå frem imod den, og forskellige boliger og kranse, der gives som belønning alt efter målet af den enkeltes tro.

Må du blive en vis kristen, som ikke stræber efter forgængelige, men evige ting, og som i tro går frem mod himlen og opnår den uendelige herlighed og lykke i Ny Jerusalem, det beder jeg om i vor Herre Jesu Kristi navn!

Forfatteren:
Dr. Jaerock Lee

Dr. Jaerock Lee blev født i Muan, Jeonnam provinsen, i den koreanske republik i 1943. Da han var i tyverne, led han af en række uhelbredelige sygdomme syv år i træk, og ventede på døden uden håb om bedring. En dag i foråret 1974 tog hans søster ham dog med i kirke, og da han knælede for at bede, helbredte den Levende Gud straks alle hans sygdomme.

Fra det øjeblik, hvor Dr. Lee mødte den Levende Gud gennem denne vidunderlige oplevelse, elskede han Gud oprigtigt af hele sit hjerte, og i 1978 blev han kaldet som Guds tjener. Han bad indtrængende om klart at forstå og opfylde Guds vilje, og adlød alle Guds bud. I 1982 grundlagde han Manmin Centralkirke i Seoul, Korea, og siden da har utallige af Guds gerninger fundet sted i denne kirke, inklusiv mirakuløse helbredelser og undere.

I 1986 blev Dr. Lee ordineret som pastor ved den årlige forsamling for Jesu Sungkyul kirke i Korea, og fire år senere i 1990 begyndte hans prædikener at blive udsendt til Australien, Rusland, Filippinerne og mange andre steder gennem det Fjernøstlige Udsendelsesselskab, Asiatisk Udsendelsesstation og Washington Kristne Radio.

Tre år senere i 1993 blev Manmin Centralkirke placeret på Top 50 for kirker over hele verden af magasinet *Christian World* i USA, og Dr. Lee modtog et æresdoktorat i guddommelighed fra Fakulteter for Kristen Tro i Florida, USA, og i 1996 en Ph.D i præsteembede fra Kingsway Teologiske Seminar, Iowa, USA.

Siden 1993 har Dr. Lee været en førende person i verdensmissionen gennem mange oversøiske kampagner i USA, Tanzania, Argentina, Uganda, Japan, Pakistan, Kenya, Filippinerne, Honduras, Indien, Rusland, Tyskland, Peru, Congo, Israel, og Estland og i 2002 blev han kaldt en "verdensomspændende pastor" af en større kristen avis i Korea på grund af hans mange oversøiske kampagner.

Siden august 2016 har Manmin Centralkirke været en menighed med mere end 120.000 medlemmer. Der er 10.000 inden og udenrigs søsterkirker over hele kloden, og der er indtil videre udsendt mere end 102 missionærer til 23 lande, inklusiv USA, Rusland, Tyskland, Canada, Japan, Kina, Frankrig, Indien, Kenya og mange flere.

Indtil nu har Dr. Lee skrevet 105 bøger, blandt andet bestsellerne *En Smagsprøve på Det Evige Liv før Døden; Mit Liv, Min Tro (I) & (II); Budskabet fra Korset; Målet af Tro; Himlen I & II; Helvede* og *Guds Kraft* og hans værker er blevet oversat til mere end 75 sprog.

Hans kristne artikler er udsendt i *Hankook Ilbo, JoongAng Daily, Dong-A Ilbo, Chosun Ilbo, Seoul Shinmun, Kyunghyang Shinmun, The Korea Economic Daily, The Korea Herald, Shisa News* og *The Christian Press*.

Dr. Lee er for øjeblikket leder af mange missionsorganisationer og foreninger, blandt andet bestyrelsesformand for Jesus Kristus Forenede Hellighedskirke, Grundlægger og bestyrelsesformand for det Globale Kristne Netværk (GCN), Grundlægger og Bestyrelsesformand for Verdensnetværket af Kristne Læger (WCDN) og Grundlægger og Bestyrelsesformand for Manmin Internationale Seminar (MIS).

Andre stærke bøger af samme forfatter

Himlen I & II

En detaljeret skitse af det prægtige liv som de himmelske borgere vil nyde, og en beskrivelse af forskellige niveauer af himmelske riger.

Budskabet fra Korset

En stærk vækkelsesbesked til alle menneske, som sover i spirituel forstand. I denne bog vil du se årsagen til, at Jesus er den eneste Frelser, og fornemme Guds sande kærlighed.

Helvede

En indtrængende besked til hele menneskeheden fra Gud, som ikke ønsker at en eneste sjæl skal falde i helvedes dyb! Du vil opdage en redegørelse, som aldrig før er blevet offentliggjort, over de barske realiteter i Hades og helvede.

Ånd, Sjæl og Krop I & II

Gennem en åndelig forståelse af ånd, sjæl og krop, som er menneskets komponenter, kan læserne få indblik i deres "selv" og opnå indsigt i selve livet. Denne bog viser læserne genvejen til at deltage i den guddommelige natur og få alle de velsignelser, som Gud har lovet.

En Smagsprøve på Det Evige Liv før Døden

Erindringsbaseret vidnesbyrd af pastor Jaerock Lee, som er blevet genfødt og frelst fra dødens dal, og har levet et eksemplarisk kristent liv.

Vågn op, Israel

Hvorfor har Gud holdt øje med Israel fra verdens begyndelse indtil nu? Hvad er hans forsyn for de sidste dage for Israel, som venter på Messias?

Mit Liv, Min Tro I & II

En velduftende spirituel aroma, som er et ekstrakt af den uforlignelige kærlighed til Gud, som blomstrede op midt i mørke bølger, under det tungeste åg og i den dybeste fortvivlelse.

Guds Kraft

En essentiel vejledning, hvorved man kan opnå sand tro og opleve Guds forunderlige kraft. En bog, som må læses.

---

www.urimbooks.com

www.ingramcontent.com/pod-product-compliance
Lightning Source LLC
LaVergne TN
LVHW041756060526
838201LV00046B/1024